隧道结构状态导向维护方法

袁 勇 艾 青 著

中国建筑工业出版社

图书在版编目（CIP）数据

隧道结构状态导向维护方法/袁勇，艾青著. —北京：中国建
筑工业出版社，2020.2
ISBN 978-7-112-24794-3

Ⅰ.①隧⋯ Ⅱ.①袁⋯ ②艾⋯ Ⅲ.①隧道维护 Ⅳ.①U457

中国版本图书馆 CIP 数据核字(2020)第 023474 号

本书提出了一种隧道结构维护新方法，即状态导向维护方法。内容上，重点
介绍了状态导向维护方法的理论框架、隧道结构服役性能退化模型、非周期性检
查计划制定和多状态导向维修规则，并采用数值试验手段对隧道结构维护策略进
行优化，探讨了隧道结构状态导向维护方法的适用性。该研究为隧道结构的检查、
评估、预测和维修提供了一种新思路。

本书可供从事隧道运营维护工作的管理和科研人员使用，也可供高等院校相
关专业的高年级本科生和研究生参考。

责任编辑：杨　允　王　梅
责任校对：赵　菲

隧道结构状态导向维护方法

袁　勇　艾　青　著

*

中国建筑工业出版社出版、发行（北京海淀三里河路 9 号）

各地新华书店、建筑书店经销

北京科地亚盟排版公司制版

北京富诚彩色印刷有限公司印刷

*

开本：787×1092 毫米　1/16　印张：7¼　字数：141 千字

2020 年 5 月第一版　　2020 年 5 月第一次印刷

定价：99.00 元

ISBN 978-7-112-24794-3

(35233)

序

隧道是基础设施的重要组成部分，建设投资极大，运营环境复杂。国内外各类隧道运营状况表明，其结构性能不可避免地会发生退化，全生命周期维护维修量大。因此，这类社会资产的维护技术和管理方法是土木工程的一个新挑战。

《隧道结构状态导向维护方法》一书，是作者探索地下工程维护的理论与实践的成果。相较于工业领域以失效为准则的维修策略，作者在总结隧道结构检测、评估和维修等研究工作的基础上，提出了以结构服役状态为导向的维护理论，结合维护工作实践给出隧道结构性能退化的数据驱动模型，根据结构服役状态确定检查计划、导向分级维护策略的实施，旨在避免无效作业的资源耗费、规避延时作业的潜在结构安全风险，为隧道维护工作提供理论依据和管理工具，使隧道维护可预测、可规划、可优化。这项开拓性工作为隧道全生命周期维护提供了最新技术。

隧道维护理论和技术方法是多学科交叉融合的学术分支。它需要从全寿命周期管理理念的角度探索维护方案与成本的关系、改进各类结构加固技术和维修方案、开发各类先进检测技术与装备。随着人工智能、工业物联网、大数据等信息科学和新型结构材料科学与工程、工业机器人等技术的发展，隧道全生命周期维护更需要迈向数字化、自动化和智能化。可以预期，隧道状态导向维护理论丰富和拓展了隧道全生命周期维护理论和技术，对隧道工程学科发展极具积极作用。

陈湘生，博士，教授（中国工程院院士）

2020 年 3 月 18 日

前　言

　　随着国民经济的发展，大量的公路隧道、铁路隧道及城市轨道交通隧道建成并投入使用，如何保障运营安全成为其日常管理中的重要问题。从国内外运营隧道的调查数据看，许多隧道在服役早期即出现了退化或劣化现象。隧道建设和维护耗资巨大，没有得到合理维护的隧道在维修时花费更高，维修也会更加频繁。在我国大规模进行基础设施建设的背景下，隧道维护管理部门面临严峻的工作量和资金预算压力。因此，研究科学合理的隧道结构维护方法十分具有必要性、紧迫性和前瞻性。

　　本书提出了一种隧道结构状态导向维护方法，从维护方法的理论体系框架、退化过程分析及建模方法、非周期性检查计划制定、多状态导向维修规则等多个方面开展了研究，并结合维护策略优化的数值试验算例对状态导向维护方法的适用性进行了探索。

　　本书主要内容包括以下几个方面：

　　（1）第一章　绪论，调研了国内外现有隧道结构维护规范和手册，概述了近年来国内外维护理论和方法的研究进展；同时，分析了当前隧道结构维护实践中存在的问题，并提出解决方法和思路。

　　（2）第二章　理论框架，构建了隧道结构状态导向维护方法的理论框架，包括基本概念和定义；梳理了退化模型、检查计划和维修规则之间的关联；阐述了隧道结构状态导向维护方法的实施过程。

　　（3）第三章　退化模型，分别采用基于物理机理和数据驱动的两种方法建立了隧道结构服役性能退化模型；介绍了模型参数的全局敏感性分析方法，极大似然估计方法以及贝叶斯更新方法；通过案例分析，将退化模型预测结果与隧道结构监测数据进行了对比分析。

　　（4）第四章　检查计划，提出采用检查计划函数安排检查工作的方法，总结了不同退化趋势类型和检查计划函数的数学形式；探讨了非周期性检查计划函数的数学形式与退化趋势类型之间的适用性关系；介绍了状态导向检查计划的组织实施过程及技术手段。

　　（5）第五章　维修规则，提出了一种多状态导向维修规则，并与传统维护方法中的控制-极限维修规则进行了比较；介绍了隧道内常见维修措施及效果，不完全维修模拟和成本分析方法；总结了维修规则优化数学模型框架和优化算法。

（6）第六章　维护策略优化算例，以维护策略若干优化问题为例，构建了对应的数学模型；通过数值试验算例，分析了各种维护策略的适用性情况，验证了状态导向维护方法的可行性。

（7）结论　总结了状态导向维护方法目前存在的不足和进一步发展方向。

本书涉及的部分研究成果得到上海申通地铁集团有限公司的大力支持，在此表示衷心的感谢。

由于隧道结构维护方法研究工作尚处于起步阶段，作者认识水平有限，书中难免存在不足之处，恳请读者批评指正。

袁　勇 艾 青

2019 年 11 月

目　　录

第1章 绪 论

1.1 研究背景及意义

随着国民经济的发展，大量的公路隧道、铁路隧道及城市轨道交通隧道建成并投入使用，如何保障运营安全成为其日常管理中的重要问题。结构安全是保障安全运营的首要条件，以上海市的轨道交通为例，2018 年底上海市的轨道交通网络运营线路总长度达到 705 公里，车站 415 座，日客流量峰值频繁突破 1000 万人次，一旦发生隧道结构安全事故，后果不堪设想。因此必须执行隧道结构的检查评估和养护维修等维护工作。

隧道结构的设计服役寿命一般为 100 年以上，然而从国内外运营隧道的调查数据看，许多运营隧道已经到达设计服役寿命的中期，出现了大量病害和退化特征，有些隧道在服役早期即出现了退化或劣化的现象。

美国的隧道大多数建设于高速公路快速扩张的两个时期。第一个时期是在 1930 年到 1940 年的大萧条时期，美国政府发展了许多公共基础设施项目。另外一个扩张时期是 1950 到 1960 年间的州际高速公路快速发展时期。在这两个时期建设的隧道服役时间都已经超过 50 年，有些还超过了他们初始的设计服役寿命。从美国联邦高速公路管理委员会（Federal Highway Administration，FHWA）和联邦轨道交通管理委员会（Federal Transit Administration，FTA）联合实施的隧道服役状态信息清单系统得到的第一手数据来看，在美国登记在册的有 350 条高速公路隧道，其中 40% 的隧道已经服役超过 50 年，约有 5% 的隧道已经使用了超过 100 年。目前，结构老化以及不断增加的隧道交通等因素使运营管理者不得不经常进行检查来保证隧道结构和设施的安全[1]。

日本是隧道较多的国家之一，日本铁路运营隧道也曾发生过数起危及行车安全的事故，引起了有关部门的高度重视。日本建设省曾对全国 3529 座公路隧道检查，发现 60% 以上的隧道都存在着不同程度的病害。为此，日本政府已向日本铁路技术研究所（Railway Technical Research Institute）提供 520 万美元的经费用于研究隧道病害的检测评估方法及整治措施[2]。

我国自 1888 年开始建造第一座铁路隧道以来，迄今已有 120 余年的修建历史，但是我国隧道的建设和使用只是在新中国成立以后才取得了巨大的发展。从隧道运营管理部门的统计数据来看，已经有相当大比例的隧道发生了退化，亟待维修[2]。我国大量已建铁路隧道由于衬砌材料的密实度和抗渗性差，不耐地下水和机车废气侵蚀，开裂与渗漏现象严重。通过对几个铁路局所辖的隧道进行抽样调查表明，漏水的占 50.4％，其中 1/3 渗漏严重，影响正常运营[3]。由于材料性能、设计技术和标准以及施工技术的限制，我国早期建设的隧道结构服役性能水平普遍比较低，因此导致了隧道结构在服役早期阶段就发生老化劣化。在 1990 年，香港有关部门对 1970 年代建成的一些隧道进行了检测，发现这些隧道在运营大约 20 年后就已经出现了明显的退化现象，管片衬砌中的一部分钢筋、裸露的螺栓和螺帽都已经发生腐蚀，并有多处混凝土脱落[4]。上海市穿越黄浦江的打浦路隧道始建于 1965 年，1970 年通车，由于建成年代较早，经过 37 年的使用，2007 年检查发现隧道结构主体虽仍可继续使用，但结构错动、渗漏水、钢筋及螺栓锈蚀、混凝土剥落和不均匀沉降等都较为严重[3,5]。2003 年建成的上海外环隧道，通车仅 3 年就因隧道内渗漏水严重，坑洼不堪，局部修补的养护方式已无济于事，不得不提前进入大修。上海市轨道交通地下设施在服役运营过程中也存在着不同程度的病害，其中运营近二十年的上海轨道交通 1、2 号线局部隧道区间存在严重渗漏水、明显的管片裂损和错台等[3]。

另一方面，我国在"十一五"和"十二五"期间大量建设完成的隧道也陆续投入运营。截至 2016 年底的统计，我国已有公路隧道 15181 处，总长 14039.7 公里；运营铁路隧道 14100 座，总长 14120 公里，在建铁路隧道 4240 座，长度 9300 公里；已纳入规划的铁路隧道 4400 座，总长约 10400 公里[6]。据中国城市轨道交通协会统计，截至 2017 年末，我国内地累计有 34 个城市建成投入运营城市轨道交通线路 165 条，运营线路长度 5033 公里。在 5033 公里运营线路长度中，地铁 3844 公里，占线路总长的 77.2％[7]。此外，在以地下综合管廊为代表的市政基础设施领域，相关隧道及地下工程建设近年来都有长足发展。我国已成为世界隧道及地下工程建设规模和建设速度第一大国，以后也将成为隧道运营管理规模最大的国家之一。

面对如此体量的隧道建设规模和日益复杂的运营状况，在建设完成后全部投入使用，隧道运营管理部门将面临巨大的维护工作压力和资金预算压力[8]。发达国家的经验表明，基础设施的投资和维护费用耗资巨大，没有得到合理维护的基础设施在维修时花费更高，维修也会更加频繁。

美国土木工程师学会（ASCE）2003 年底公布了最新的调查结果（工程技术发展研究综合专题组，2004），美国国家级桥梁 27.5％以上老化而不能满足功能要求，估计在 20 年内，每年要投入 94 亿美元进行桥梁治理，美国国家级道路已处于不良状态（D+级），其中 1/3 以上老化。美国全国的水坝也处于不良状态（D 级），2600 个水坝（占 23％）不安全。根据 ASCE 的估计，美国在未来五年内，需投入 16000 亿美元改善基础设施的安全不良状态，以适应 21 世纪的发展。英国 1965 年至 1980 年的维修改造项目逐年增加，1980 年的检测、维修改造工程已占建设工程总量的三分之二；日本引以自豪的新干线使用不到 10 年，就出现了大面积混凝土开裂和剥蚀，今后用于检测和修复的费用将十分巨大[9]。

老化隧道的维修和翻新费用也十分高昂。1996 年，德国铁路管理部门曾给出，隧道的重建费用为每公里 2.44 千万美元，部分翻新费用每公里 1.25～1.87 千万美元，全部翻新费用为每公里 5 千万美元。全德国总长为 407 公里的 746 条隧道重建费用需要 100 亿美元；建造于 1840 年到 1940 年间的 491 条老化隧道所需重建费用达 44 亿美元[10]。

因此，研究隧道结构维护方法具有重要的社会意义和经济价值。尤其是在国内隧道运营里程不断增加、结构设施网络化管理以及安全性要求越来越高的背景下，研究科学合理的维护方法十分具有必要性、紧迫性和前瞻性。

1.2　隧道维护工作指南及手册

国内外隧道管理部门已颁布了一些隧道维护有关的规范、规程和技术手册来指导隧道结构的维护实践。

FHWA 联合 FTA 于 2003 年颁布了《高速公路和轨道交通隧道检测手册》（Highway and Rail Transit Tunnel Inspection Manual）和《高速公路和轨道交通隧道维护和修复手册》（Highway and Rail Transit Tunnel Maintenance and Rehabilitation Manual），并于 2004 年和 2005 年对上述手册分别进行了修正[11,12]。前者给出不同结构形式隧道的检测方案，包括主要的检测项目及推荐方法；后者阐述隧道结构劣化的主要原因和相应的修复技术，同时还提供了维护频率的建议。

从 2008 年开始，FHWA 开始逐步推行国家隧道检查规程（National Tunnel Inspection Specification，NTIS），在 NTIS 的要求下，发现严重病害必须报告给 FHWA 并及时采取维护修复措施[13]。为了追踪美国全境内隧道的服役状况并保障和 NTIS 的兼容性，FHWA 还建立了国家隧道清单系统（National Tunnel Inventory，NTI）来记录所有隧道的初始信息和检查数据。这些数据可以用来识别和追踪隧道缺陷的发生特征和趋势，帮助保障公共安全。NTI 提供的信息还可以用来对隧道进行数据驱动和基于风险的管理，从而辅助进行维护投入的决策。FHWA 还发布了《隧道运营、维护、检查和评估手册》（Tunnel Operations，Maintenance，Inspection，and Evaluation Manual，TOMIE）和《国家隧道数据清单系统专门手册》（Specifications for National Tunnel Inventory，SNTI）一起对 NTIS 中的要求展开进行更详细的描述。其中，TOMIE 涵盖了隧道从运营、维护、检查到评估全面连续的指导，而 SNTI 则提供了提交隧道检查数据和报表清单给 FHWA 的指导介绍[1,14]。

在德国，检测作为主要的隧道结构维护手段被规定在德国工业标准 DIN 1076（隧道检测评估规范）中，并对隧道结构以及附属设施的检测方案和检测项目做了具体分类，给出了隧道结构检测和维护的时间和步骤安排[15]。

国内对隧道维护养护工作的研究和标准制定起步较晚，目前只有《公路隧道养护技术规范》JTG H12—2015 一项行业规范。该规范包含了土建、机电和其他工程设施等多方面的内容，并依据公路技术等级、交通方式、交通量和隧道规模等因素，提出"养护分级"的概念进行差异化养护，具体体现在不同分级的隧道清洁维护和经常检查的频率不同。检查类型中的土建结构的定期检查是对隧道结构技术状况进行评定的检查，其检查频率规定为"宜每年 1 次，最长不得超过 3 年 1 次"，并同时还受到单项指标控制，比如规定"经常检查中发现重要结构分项技术状况评定值为 3 或 4 时，应立即开展一次定期检查"。规范中还规定新建隧道在交付使用 1 年后应进行首次定期检查[16]。可以看出，该规范已有将隧道的结构技术状况和检查计划行为进行联系，但是提出的方案主观经验性较强，对检查计划频率的制定没有给出理论依据。上海市颁布的《上海市隧道养护技术规程》SZ-43—2005 类似的将检查类型分为日常检查、定期检查和特殊检查，并且对不同施工方法类型的隧道检查项目做了具体规定，指出在隧道使用早期以及检查结果发现异常时要加强检查频率[17]。《杭州市城市隧道养护技术规程》HZCG 05—2006 除了规定经常性检查和定期检查的频率外，还指出在检查结束后应对检查数据进行分析，给出判定结论，提出土建结构定期检查报告，包括：对土建结构的技术状况和功能状态的评价和养护维修状况的评价及建议。但是该技术规程只界定了检查对象、检查内容、操作流程及强制性的定期检查频率，未指出如何根据检查结果来优化养护工作的安排[18]。目前，上海申通地铁集团有限公司的维保部门通过近二十年的工程实践也制定了适用于软土运营隧道结构安全的企业维护技术规程和手册，用于指导地铁隧道结构的维护实践。

1.3 国内外维护方法理论研究

国内外学者针对结构和设施系统，在维护方法理论模型建立和实践应用等多个方面进行了有益的探索。

从维护方法的发展过程看，维护方法逐渐从修复性维护、预防性维护，发展到预测性维护。修复性维护和预防性维护是比较传统的维护方法，基于状态的维护（Condition-based Maintenance，CBM）是一种在结构和设施系统的维护管理中比较新颖的预测性维护方法。Jardine 等人（2006）回顾了运用基于状态的维护方法对系统进行诊断和预测的模型、算法及技术，指出多传感器信息融合是未来发展趋势，对其技术现状进行讨论，并对未来发展前景进行展望[19]。Ahmad 等（2012）比较了研究中常用的两种维护方法，即基于时间的维护和基于状态的维护。通过分析两种方法实际使用中遇到的挑战和问题，认为基于状态的维护方法更加合理[20]。

　　在维护方法的理论研究方面，国内外学者结合维护目标提炼出了相应的数学问题和模型，在维护策略优化方面进行了较广泛的研究。Grill 等人（2002a）以单个退化元件为考察对象，采用预防性维护的控制-极限策略，建立系统状态和检查时间间隔之间的对应关系，得出了在非周期性检查计划情况下使维护成本最小的预防性维修阈值[21]。基于随机过程退化模型，Grill 等人（2002b）还研究了在不同退化速度下不同维护策略的平均最优维护成本，通过数值试验表明在不同退化速度下，不同维护策略产生的效益不同，有些维护策略对退化速率不敏感[22]。van der Weide 等人（2011）采用非均匀泊松过程模拟突发破坏过程，经过理论推导得到在周期性检查和预防性维护策略下的平均成本公式[23]。Zhou 等人（2007）将破坏增长模型和寿命退化模型结合，通过数值试验的方法确定了预防性维护周期，提出一种维护周期随时间推移越来越短的策略[24,25]。Castanier 等（2005）提出了包含两个元件系统的维护策略优化问题。在该系统中，两个系统在同一时间进行检查时，费用支出等同于检查一个元件的费用。通过不同的预防性维护阈值和检查周期组合，可以找出最小平均维护成本[26]。Sheu 等（1997）提出了包含多个可修复单元系统的两种维护策略，通过数值试验及案例分析优化了维护策略[27]。Deloux 等（2009）考虑了有两种破坏机制（极度退化和突发破坏）的系统，将统计过程控制方法和基于状态的维护方法结合，得到系统维护成本的数学模型，用数值试验方法评价最有效的维护策略，使单位时间上系统的维护成本最小[28]。Dieulle 等（2001）对逐渐退化的系统提出了一种维护策略，主要考虑预防性更换阈值和非周期性检查时间，提出了基于更新过程理论的维护成本数学模型，数值试验表明在无限远的时间上可以通过组合优化上述两个参数达到最小维护成本，并且该维护策略的效果优于传统的预防性维护策略[29]。Neves 等人（2011）根据经验数据以隐马尔可夫模型（Hidden Markov Model，HMM）估计了输入参数，采用周期性检查计划进行维护决策优化，确定是否继续运营系统[30]。

　　结合具体的工程问题，国内外学者也采用不同的维护方法进行了实践应用。

在道路维护管理方面，Abaza 等（2001）使用美国国家高速公路与运输协会（American Association of State Highway and Transportation Officials，AASH-TO）建议的性能变化曲线对路面结构性能进行预测，在预算约束下，以最大化整个网络的平均服役性能指标为目标进行决策优化，对路面系统长期维护方案进行了计划、安排和预算分配[31]。Bemanian 等（2005）介绍了美国内华达州交通部采用的路面管理系统，该系统强调经济成本的重要性，从 8 个步骤分析如何在提高路面系统技术状况的基础上进行更合理的资金分配，每年可节约 4200 万美元的支出[32]。Kamal 等（1982）介绍了亚利桑那州的路面维护系统，该系统通过一个包含管理决策、预算、环境因素和工程决策的概率数学模型进行动态规划。使用该系统使亚利桑那州 1980～1981 年的路面维护投入节约 1400 万美元，预计该系统还将在下一个四年为管理部门节约 1 亿 1 百万美元的维护投入[33]。Haider 等人（2011）调查了检查频率对道路性能发展的影响，发现对于不同的病害类型需要采用不同的检查周期[34]。Lee 等人（2008）对韩国道路管理引入 PMS 系统前后进行了比较，发现路面状况在引入该系统后得到了很大提高，并且修复预算还相应减少了[35]。

在混凝土结构和桥梁的维护方面，Basheer 等人（1996）提出了基于环境作用影响的混凝土结构退化模型，重点关注混凝土的渗透性，并使用北爱尔兰桥梁混凝土的调查数据验证了该模型[36]。Estes 和 Frangopol（2001）检测了混凝土桥面退化锈蚀状态，采用经验数据预测了结构寿命和损坏状态，得出计算维护成本的数学模型，优化了检测的时间和维护类型[37]。Faber 等人（2002）考虑混凝土结构锈蚀退化过程，使用状态指标优化了预防性和修复性维护方法的维护策略[38]。Liu 和 Frangopol（2004）考虑了桥梁退化过程的不确定性，使用蒙特卡洛模拟及多目标遗传算法，对维护方案中状态指标、安全指标和平均维护成本三者进行优化计算[39]。Orcesi 和 Frangopol（2011）将结构健康监测（Structure Health Monitoring，SHM）数据应用到桥梁的全寿命成本分析中，确定了维护优化策略，表明结构健康监测方法具有优越性[53]。Wicki 等（2003）根据混凝土结构检测数据提出了基于概率方法的研究框架，用于考察混凝土结构的实际状态、预测未来的退化、估计剩余寿命和计算服役寿命期的平均成本，说明通过状态指标和无损检测方法可以控制结构质量和优化检查维修计划[40]。Redmond 等（1997）模拟了混凝土结构的服役性能退化过程，假定了不同退化阶段的维修成本，对下次检查时间和服役寿命内的检查周期进行了优化[41]。

其他工程设施和设备的维护方面，Bunks 等人（2000）将隐马尔可夫模型应用到机械工程基于状态的维护策略中[42]。Christer 和 Lee（1997）研究了船舶航行时发生病害破坏和预防性检查之间的关系，给出了维护成本优化的数学模型，得到了最优的预防性检查周期[43]。Kallen 和 van Noortwijk（2005）使用加压钢容器的检查数据建立了基于 Gamma 过程的腐蚀破坏模型，并考虑了检查信息的不确定性，通过贝叶斯方法更新先验信息，确定了最优的定期检查方案和更换策略[44]。Nicolai 等人（2009）研究了不完全维修措施下钢结构保护层的维护效果模拟和优化方法[45]。Sandrone 等（2011）对瑞士大量公路隧道病害进行统计分析，调查得出了退化发生的可能性、退化速率和主要影响因素[46]。Tian 等人（2011）收集了风力涡轮机组件状态的监测信息，使用 CBM 方法降低了风力发电系统的维护运营成本[47]。此外，Nielsen 等（2010）使用基于风险的方法对海上风力涡轮组件进行了研究，考虑检查、维修和破坏损失等多方面的成本，得出失效率、检查可靠性、检查周期及维修准则等因素对维护模型的影响[48]。Van Noortwijk 等（1999）对荷兰海上防护堤垫块的检查方案进行了优化[49]。Christer（1988）提出了大型土木工程结构的检查模型，综合考虑安全性和维护成本，得出最优的检查频率。检查模型中使用了时间延迟分析和数值试验方法[50]。另外，Christer 和 Wang（1995）根据两个不同设施系统的监测数据和资料建立退化模型，对检查周期进行优化，进而降低维护成本[51]。Ellingwood（2005）指出现有规范对维护工作指导不足，维护投资应该以最小的成本使结构在后续服役时段达到最佳性能，风险概率方法可以为服役状态评估的不确定性提供量化工具，是维护管理的重要方法，但是现在还缺少对退化过程描述的精确物理模型[52]。Van Noortwijk 和 Frangopol（2004）比较了预防性维护和修复性维护的不同效果，重点关注的是对结构可靠的影响[54]。Ching 等（2009）使用状态数据和故障树方法对基础设施的可靠度进行预测和贝叶斯更新[55]。

　　在隧道结构维护方面，国内学者从检测评估、维护理论和可靠度等多个角度对隧道结构的维护方法进行了探讨。刘涛（2008）研究了既有城市盾构隧道结构评价体系的构成及相应的工作流程，构建了隧道结构的服役性能和评价指标体系，提出了一种具体的检测方案制定方法[3]。姚旭朋（2008）调查研究了国内外隧道维护管理理论和方法，研究了隧道结构服役状态划分、隧道结构时变性以及隧道结构预防性和前摄性维护策略等方面的问题[10]。赵庆丽（2009）研究了抗力时变和抗力不变条件下盾构隧道的可靠度，给出了结构可靠度近似计算及设计参数优化调整方法[56]。周宁（2010）构建了盾构隧道结构服役性能检测指标体系，研究了盾构隧道纵向变形与渗漏的关系，渗漏水检测方法以及渗漏水特征分析[57]。

1.4　存在问题及解决思路

　　总结国内外的维护规范、规程和技术手册可以发现大多数规范只是对隧道检查和维修等相关日常工作进行规定和介绍。主要存在如下几方面问题：

（1）所体现的维护思想还是临时性的和补救性的，没有考虑隧道结构服役性能发展规律，给出的维护方案不能避免风险发生。

（2）对隧道结构检查频率的规定依据工程运营经验，方法简单，但是缺乏理论依据，因而检查评估工作的有效性受到质疑。

（3）将隧道结构分为失效和正常两种状态，没有建立服役状态评估等级与维修措施的相关联系，在有多种维修措施可行的情况下无法进行优化比选。

（4）缺少评价维护方案实施效果的方法。

从国内外学者对隧道结构维护方法的研究来看，国内学者对隧道结构维护的研究多集中于构件和结构层次的服役性能时变特性及劣化机理，并没有从维护计划管理层面考虑问题；国外学者对维护方法理论和应用多集中于工业工程和设备的维护管理和健康监测，在土木工程方面已经初步应用到混凝土结构、道路和桥梁工程等领域，但是对隧道结构维护研究较少。

通过对其他领域的研究和应用案例调查表明，结构、产品或设施在使用过程中采用科学合理的维护方法可以有效保障其使用性能，延长寿命。而且进一步的，通过分析和预测其性能退化趋势来合理安排检查、维修和更换措施，不仅能够降低系统发生故障的概率，减少停机损失，更能显著降低维护工作压力和费用。

针对以上存在的问题，结合其他领域的维护方法研究经验，可以提出本课题研究的解决思路：通过分析隧道内病害的发生机理及相关的监测和检测数据，建立隧道结构服役性能随时间发展的预测模型；在预测模型的基础上制定检查计划，比较选用不同检查计划的效果；针对隧道结构不同服役状态选用合适的维修措施，调整维修措施实施的阈值，降低隧道结构发生失效破坏的风险；以隧道结构服役寿命期内维护成本和安全为考察评价指标，采用数值试验方法探讨维护策略的选用；发展一种适用于隧道结构的维护方法。

1.5　主要内容介绍

本书提出了一种隧道结构状态导向维护方法，涉及的内容主要包括：

（1）维护方法的理论框架和实施过程。研究维护方法理论体系的构建，以及研究内容之间的关联性，在构建的维护方法理论体系下如何从应用层面指导维护工作实施。

（2）隧道结构服役性能退化模型的建模方法。研究隧道结构服役性能发生退化的原因，以此为基础建立考虑时变因素的退化模型，并结合隧道结构的监测数据，研究数据驱动的随机退化模型建模方法。

（3）动态检查计划及其数学模型。研究制定检查计划相关的数学模型，并以此为基础考察如何确定合理的检查频率，以及适合隧道结构退化趋势特征的检查计划函数数学形式。

（4）多状态导向维修规则及维修措施效果模拟方法。结合隧道结构服役状态等级划分，研究不同状态下最优的维修措施及阈值，制定多状态导向维修规则；根据维修措施的实际效果，提炼维修措施效果的数学模拟方法。

（5）维护策略优化算法及适用性。以最小化隧道结构服役寿命期内维护成本为优化目标，考察不同维护策略的效果，探究隧道结构最优维护策略及参数。

（6）维护策略优化算例及应用。以隧道结构维护策略若干优化问题为例，构建数学模型；通过数值试验算例，分析各种维护策略的适用性情况，验证状态导向维护方法的可行性；总结提出的状态导向维护方法的不足和进一步发展方向。

第 2 章　隧道结构状态导向维护理论框架

2.1　基本概念和定义

首先对隧道结构状态导向维护策略中涉及的一些概念和名词进行定义。

服役性能（Performance）是指结构在使用中抵抗各种作用效应并能保持设计形态和使用功能的能力，包括结构的耐久性、适用性和安全性等多个方面。**服役状态**（State）是根据结构在服役寿命期内服役性能的不同，对结构的服役性能进行等级划分，表征结构在寿命期内所处阶段的定量化指标。

退化模型（Degradation model）是描述结构的服役性能随时间变化规律的公式或过程。隧道结构的退化过程一般由于材料性能退化、荷载变化以及环境影响作用变异等情况引起，从而导致隧道结构的耐久性、适用性和安全性指标下降。隧道结构的退化模型可以根据结构材料性能的退化规律和调查研究的荷载及环境变异数据进行推导和分析得出。

维护行为（Maintenance action）包括在结构使用中为保证结构安全而进行的检查、评估、维修和修复等一系列活动。由于检查和评估涉及的指标体系接近，而且二者具有承启性，因此一般将这两种维护行为合并在一起称为检查评估；维修和修复的区别仅在于维修的程度，在本书中将两种维护行为统称为维修。

每种维护行为都包含**强度**（Intensity）和**频度**（Frequency）/**时机**（Time）两个特征指标。维护行为的强度指的是该维护行为实施的全面性和深入程度，比如检查评估中检查指标全面性和定量化程度，维修中维修措施选择和投入维修成本大小；维护行为的频度（或时机）指的是该维护行为实施的周期、时间间隔或时间点，比如检查评估实施的周期和维修行为实施的时机等。

维护行为实施的同时改变了结构服役性能，并产生了一定量的人力、物资和时间等投入。在维护方法理论研究中将结构的服役性能简化描述为一个退化指标，以方便在模型中进行表述和计算，该退化指标直接影响结构的**安全性**（Safety）。在结构维护管理中，将维护行为实施过程中的投入定义为**维护成本**（Maintenance cost）。每一次维护行为实际上还对结构的安全性和维护成本产生了影响。

维护策略（Maintenance strategy）是指对各种维护行为实施方案中的变量进行取值和组合，从而达到对隧道结构维护过程进行管理的一种思想方法。检查评估行为实施方案中的维护策略变量主要是不同检查计划函数形式和参数，属于**检查计划制定**（Inspection schedule）的范畴。维修行为实施方案中的维护策略变量主要是维修阈值选择和维修措施选择，可以统称为**维修规则**（Maintenance rule）。

制定检查计划时，可以以固定时间间隔安排检查行为，这种检查计划方式叫作**周期性检查**（Periodic inspection）；不以固定时间间隔安排检查行为的检查计划方式叫作**非周期性检查**（Aperiodic inspection）。本研究中不考虑检查评估行为的强度，并假设每一次检查评估均能准确得知隧道结构的真实服役性能，因此，检查计划方案中参数的不同取值主要影响检查评估行为实施的频度。

维修阈值（Maintenance threshold）是指在结构维护中确定的某些"分界值"，用来确定服役状态等级划分，当结构服役状态达到某些状态等级后应采取相应的维修措施以阻止结构服役性能发生进一步退化。维修阈值的选择影响维修行为实施的频度。

维修措施（Maintenance measure）包括小修、中修和大修等不同等级，因为它们的维修强度不同，在维护过程中对结构安全性提升及成本也不相同。维修措施选择需要考虑当前结构的服役状态等级及发展趋势、不同强度维修的效果和不同强度维修的成本等各种因素。

维护策略中的变量决定维护行为的强度和频度，从而影响维护的效果和成本。**维护策略优化**（Maintenance strategy optimization）是通过优化算法和技术手段对维护策略中的变量进行调整，科学合理地安排和实施维护行为，从而在服役寿命期内高效率并低成本地保障结构安全。

隧道结构**状态导向维护**（State-oriented maintenance）以服役状态为导向指标，围绕隧道结构服役性能发展建立退化预测模型，并对检查计划制定和维修规则进行优化，达到对维护资源投入进行合理配置和保障结构安全的目的。

2.2　研究内容及关联性

随着隧道结构服役寿命增长，结构的表面形态、几何形状和材料特性等方面会发生可测量的变异，其原因是材料性能退化及外部荷载、环境条件变化产生的综合作用结果，是结构服役性能发生变化的外在体现。通过一些必要的检查评估方法可以较准确地了解隧道结构服役性能的发展情况，从而可以尽量在结构破坏前采取维护措施以避免灾害和损失发生。传统的维护方法包括修复性维护（Corrective maintenance）和预防性维护（Preventive maintenance），前者在检查评估时发现结构或构件发生破坏现象后才采取维修措施，因而结构在服役寿命期内的安全性不高，是一种风险较高的维护方法，后者是通过频繁的检查评估与预防性维修来避免结构发生破坏，从而提高结构在服役寿命期内的安全性，但是也产生了大量不必要的检查评估和维修行为，造成了维护资源的浪费。由于结构服役性能是不断发展变化的，修复性维护和预防性维护两种方法都会因为不能应对上述不确定性而降低维护行为实施的效率。

与传统的修复性维护方法和预防性维护方法相比，隧道结构状态导向维护方法认为结构服役性能的发展是可以预测的，同时需要根据检查评估结果动态调整下次检查安排时间，并根据结构服役状态等级选用不同维修措施。因此，基于以上认识和假设，隧道结构状态导向维护方法的研究内容包括：

（1）建立隧道结构服役性能退化模型，模拟和预测隧道结构服役性能发展过程；

（2）提出一种可动态调整的隧道结构检查评估技术体系，合理安排检查评估行为实施的时机；

（3）发展一种规则可优化的隧道结构维修技术体系，优化服役寿命期内维修行为的效果。

上述研究内容可以简化为退化模型、检查评估和维修3个部分。隧道结构状态导向维护认为3部分研究内容之间并不是独立的，互相之间存在数据和信息传递关系，并且结果会相互影响和制约。结合图2.1，以下对3部分研究内容之间的关联性进行分析介绍。

退化模型和检查评估的关联性。退化模型是实施隧道结构状态导向维护的基础，该方法利用隧道结构服役性能时变数据建立或修正退化模型。因而，对上述问题进行研究的前提是拥有一系列采用科学合理检查评估技术得到的隧道结构服役性能时变数据。同时，根据退化模型预测得出的隧道服役性能或状态等级变化也会影响到维护过程中如何调整检查计划方案的变量，从而影响检查评估的实施。

退化模型和维修的关联性。退化模型预测的隧道结构服役性能变化趋势和不确定性会导致不同安全程度的维修规则，从而影响维护过程中维修阈值的确定。每实施一次维修措施，则需要考察该措施对隧道结构服役性能的提升，更新退化模型中当前服役状态等级的假设。

检查评估和维修的关联性。由于隧道结构的服役状态只有经过检查评估后才能准确得知，因此维修行为实施与否和维修措施选择取决于检查评估结果。是否进行了维修以及维修后隧道结构状态等级变化也可能会导致检查计划的变量产生更新，从而影响维护过程中检查评估行为的实施。

在维护过程的操作实践中，检查评估和维修等维护行为实际上还受到结构的安全性和维护成本的影响，如图2.1所示。

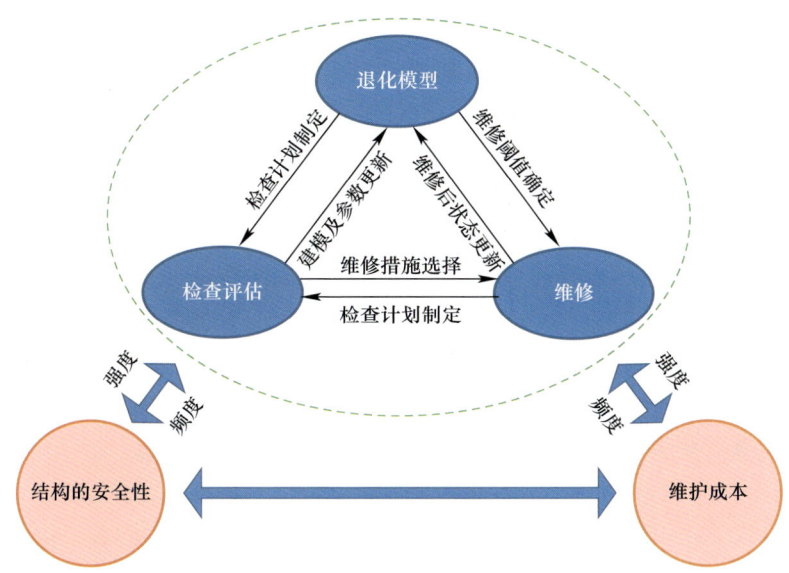

图 2.1　隧道结构状态导向维护研究内容及关系

结构的安全性有一定下限，否则有较大可能性产生安全事故，因此结构的安全性要求是隧道结构状态导向维护的约束条件；对于隧道管理部门来说，则希望尽量降低隧道结构的维护成本，因此最小化维护成本是隧道结构状态导向维护的目标。

维护行为的强度和频度与结构的安全性和维护成本息息相关。一般来说，维护行为的强度和频度越高，结构的安全性越高，其成本也相应升高；维护行为的强度和频度越低，结构的安全性越低，发生破坏的可能性相应升高，从而其破坏损失带来的成本也升高。所以，需要为维护行为的强度和频度寻找一个合适的范围，使结构的安全性能够达到要求，并且尽可能地降低维护成本。

2.3　隧道结构服役性能退化模型

建立隧道结构服役性能退化模型是隧道结构状态导向维护的核心问题之一，主要包括两方面内容：一是退化模型的建模方法，即研究采用何种方法对隧道结构服役性能发展变化进行预测和估计；二是在获取了新的检查评估数据后，采用何种方法对模型或者模型参数进行更新和修正，使模型的预测和估计与隧道结构服役性能发展实际情况更加吻合。

根据图 2.2 所示的隧道结构服役性能退化模型的主要内容，退化模型的建模方法可以分为两大类：（1）基于机理模型的建模方法；（2）数据驱动的建模方法[58]。基于机理模型的建模方法一般是通过对结构退化过程中的各种参数和变量进行概率密度演化分析和假定，从而对服役性能发展进行推测和分析。不过，隧道结构服役性能的影响因素多，构件、区段和结构等层次单元间的作用机理复杂，退化病害现象往往具有耦合性，外界工况和环境变化频繁而且信息难以准确得知，并且可能存在未调查到的影响因素，因而难以对隧道结构的整体服役性能指标建立基于机理过程的模型。而如果针对隧道结构服役性能的单一指标，如结构变形，因为其受力变形机理和退化过程较简单，则可以尝试采用基于机理模型的建模方法。目前来看，数据驱动的建模方法应用性更广，适合描述综合、复杂和含有不确定性的服役性能发展过程，因而得到越来越多的应用。

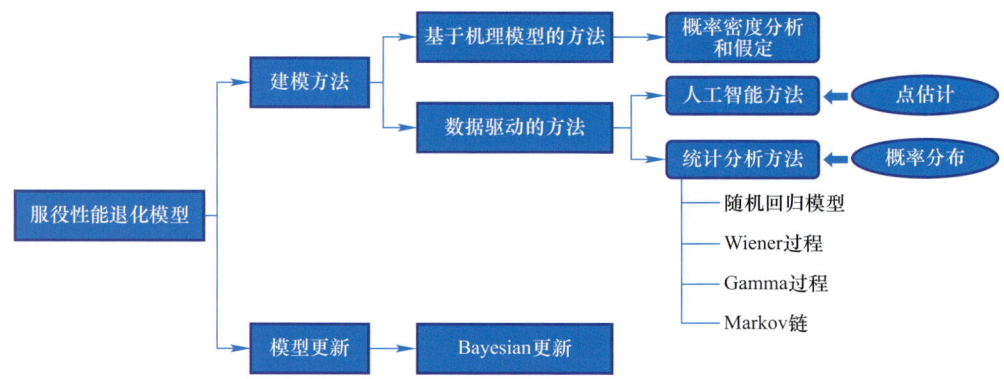

图 2.2　隧道结构服役性能退化模型的主要内容

国内外常用的数据驱动的建模方法包括服役寿命测试，人工智能和统计分析等。由于隧道结构的服役寿命较长，国内外隧道到达服役寿命的案例也少，实际很难获得准确的隧道寿命调查数据。另外，服役寿命测试的方法将结构状态分为正常和失效两种，不考虑退化、劣化和恶化等多种不同的状态等级，一般仅适用于机械和电子领域，但不适用于指导隧道结构的维护。人工智能和统计分析方法较适合采用检查评估得到的隧道结构服役性能数据来建立预测模型。人工智能方法一般利用得到的数据，通过机器学习拟合隧道结构服役性能的演化规律，然后通过预测模型外推估计得到未来结构服役性能的发展趋势。统计驱动的方法和人工智能方法有相似之处，也是利用数据通过统计回归分析、似然函数估计或贝叶斯推断等方法得到模型参数，进而进行预测分析。二者不同之处在于人工智能方法的假设少一些，但是只能提供一个点估计，不能得到体现服役性能退化过程不确定性特征的概率分布函数，而统计驱动方法不仅可以对服役性能的退化过程进行建模，也能推断得出未来发展情况的概率分布，可以为隧道结构状态导向检查评估和维修提供决策支持，因而在应用时更加具有优势。

根据检查评估得到的服役性能历史数据，可采用的统计驱动建模方法包括：基于随机系数的回归模型方法、基于 Wiener 过程的方法、基于 Gamma 过程的方法和基于 Markov 链的方法等。由于隧道结构服役性能退化过程的单调性和非负特征，基于随机系数的回归模型方法和基于 Wiener 过程的方法需要克服数学上的非单调性和出现负值的可能性，因而模型需要更多的约束条件，而基于 Gamma 过程的方法和基于 Markov 链的方法则不存在上述问题，应用上也更加广泛。

隧道结构服役性能的退化模型还需要考虑模型的更新问题。随着后续检查评估数据的增加，原始的退化模型预测结果和实际检查结果会出现较大偏差，这主要是由于建模时数据不充分和模型参数假设不合理等原因造成的。统计驱动的模型可以利用最新的检查评估信息，采用贝叶斯方法（Bayesian approach）对模型参数进行更新和修正，从而对隧道结构服役性能后期发展进行更加准确的预测估计。

隧道结构服役性能退化模型一般应用于两方面：一是在时间上对结构服役性能和状态等级发展做预测估计，及时安排检查评估，在危险状态或破坏发生前实施合适的维修措施；二是对维护策略变量进行优化，减少不必要的维护资源投入。

2.4　隧道结构检查评估技术体系

2.4.1　检查评估技术体系的主要内容

隧道结构检查评估技术体系可以分为检查技术体系和评估技术体系两大部分，其中检查技术体系还可以再分为检查方案和检测手段两大部分，如图 2.3 所示。检查方案的主要内容包括检查指标体系设计和检查计划制定，检测手段则可以分为人工检测和自动化检测两种类型。评估技术体系则分别包含了对结构构件、结构区段和结构整体等不同层次的评估分级。

根据检查内容丰富程度（强度）的不同，隧道结构维护中常见的检查方式可以分为日常巡查、外观检查、计划检查和特殊检查等几种类型[16]。日常巡查的主要目的是发现隧道结构、设施和交通状况等是否处于正常工作状态，并及时处理异常状况以防止发生交通安全事故。外观检查是对隧道结构的外观状况进行较为全面的周期性定性检查，主要检查科目包括隧道结构的裂缝、破损、渗漏水或其他表面异常状况。计划检查是有计划地对隧道结构服役性能情况进行全面和详细的检查，主要目的是对隧道结构服役状态进行准确的评估鉴定。检查对象包含隧道的构件、结构和系统等不同层次等级，每个等级的检查内容也比较全面细致，并且以定量化指标为主，因而一般需要配备专业的检查工具或设备。计划检查的频率可以根据隧道的实际运营情况进行周期性或非周期性安排。同时，通过本次计划检查评估得到的隧道结构服役状态可以决定是否应对隧道结构进行维修，并制定下次计划检查的内容和时间。特殊检查是针对隧道结构遭受地震、火灾、爆炸、洪水及其他一些突发灾害和作用后服役状态发生改变而实施的专项的、有针对性的检查。

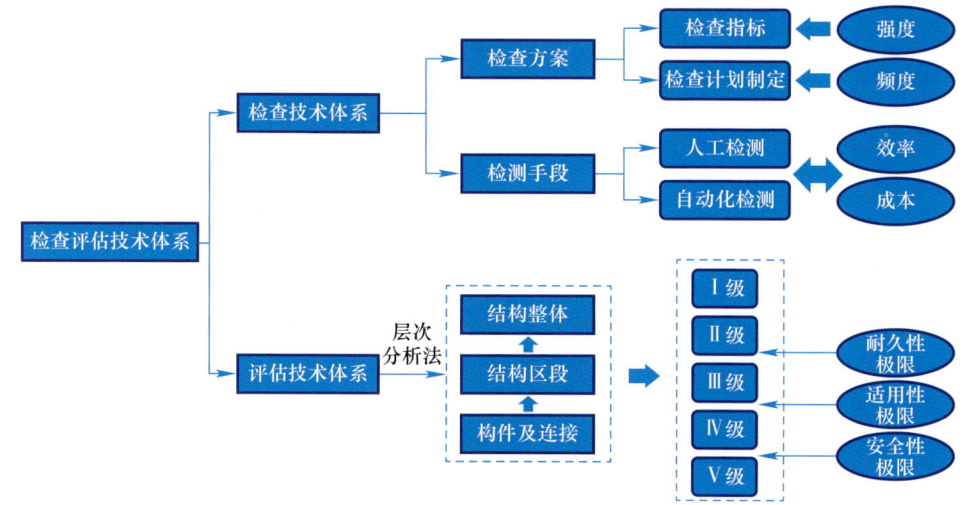

图 2.3　隧道结构检查评估技术体系

在上述不同检查类型中，计划检查内容全面、详细、定量化，其检查成果可以通过一定的评估技术体系得出隧道结构服役状态，因而是本书研究采用的检查类型。维护实践中其他检查类型是必要的，也不可缺少，但是他们不在本书的研究范围之内。

隧道结构的检测手段包括人工检测、快速自动化设备检测和在线监测等多种方式，这些检测手段的效率和成本各不相同，在实践中需要根据现场情况进行决策。目前来看，我国大多数既有隧道结构没有预埋传感器元件，基于物联网的在线监测技术还不够成熟，并且在线监测技术能够获取的结构状态信息有限，所以大规模实施在线监测技术手段对隧道结构服役状态进行检查评估并不可行。人工检测手段存在速度慢、自动化程度低、人为误差大等缺点，在检查工作量日益增长的情况下越来越难满足结构的安全性要求。因而，采用快速自动化设备对隧道结构进行检测和信息化管理是目前检测技术研究的主流趋势。

　　快速自动化检测设备可以采用基于声学、光学、图像处理、摄影测量、地球物理方法等多种跨学科技术手段获得结构的服役性能。在隧道结构快速自动化检测设备的研制上，应将多种检测技术手段集成，可通过一次检查行为获取全面的隧道结构状态信息和指标。

　　隧道结构服役状态的评估一般采用层次分析法与专家评价法结合的思路，从影响隧道结构耐久性、适用性和安全性三方面的检查信息入手。由于隧道结构复杂、区段长，一般的隧道结构服役状态评定单元可以划分为结构整体、结构区段、结构构件和连接三个层次。结构构件和连接是最基础的结构构成元件，如盾构法隧道的管片环、结构连接等，或者矿山法隧道衬砌的混凝土、钢筋、施工缝等；结构区段是根据隧道的长度或结构复杂程度对整体结构进行划分，并由一系列结构构件和连接构成的较为完整的结构形式，例如，盾构法隧道的盾构段、连接通道、明挖段等，或者矿山法隧道的整体衬砌、洞门、检修道、排水系统等；结构整体是指包含不同区段的隧道结构整体，如某条地铁隧道、公路隧道、铁路隧道等。

　　检查科目包括各个评定单元的环境因素，荷载变化情况，结构强度，结构变形，混凝土裂缝、开裂和剥落，钢构件锈蚀和结构渗漏水等多个方面。根据上述各个层次单元的检查科目，对不同的病害严重程度及单元重要性进行权重分配和专家评估，可以采用层次分析法得出隧道结构整体的服役状态等级。《盾构法隧道结构服役性能鉴定规范》DG/TJ 08—2123—2013 及《公路隧道养护技术规范》JTG H12—2015 均将隧道结构服役状态（或技术状况）分为 5 个等级[16,59]。本书也将隧道结构的服役状态分为 5 个等级，并提出了相应的维修措施。

　　评价等级为 Ⅰ 级的隧道，服役状态为正常，说明隧道结构服役性能完好。此状态下未发生可检测到影响结构耐久性、适用性和安全性的情况。

　　评价等级为 Ⅱ 级的隧道，服役状态为退化，说明隧道结构发生了服役性能退化，削弱了结构的耐久使用性能。此状态下检测到了结构耐久性退化的情况，严重情况下需要采取小修措施。

　　评价等级为 Ⅲ 级的隧道，服役状态为劣化，说明隧道结构服役性能产生劣化，功能受损，影响了正常功能。此状态下隧道结构已超过耐久性极限，适用性受到影响，严重情况下需要采取中修措施。

　　评价等级为 Ⅳ 级的隧道，服役状态为恶化，说明隧道结构服役性能开始恶化，隧道已经不能继续正常使用，如进一步恶化发展则可能会造成安全事故。此状态下隧道结构已经超过适用性极限并危及安全性，需采取大修措施。

　　评价等级为 Ⅴ 级的隧道，服役状态为危险，说明隧道结构的服役性能已经严重恶化，随时可能会发生破坏和安全事故。此状态下隧道结构已超过安全性极限，只有将隧道结构进行翻修或者重建。

2.4.2　隧道结构状态导向检查计划制定

检查计划制定是隧道结构状态导向维护的主要研究内容之一。检查计划制定是从检查的频度方面对计划检查行为进行设计，而状态导向检查计划是在掌握隧道结构服役性能发展规律的基础上，以当前隧道结构服役状态为导向指标，通过优化安排检查时间间隔，在保障结构安全的前提下优化维护行为的实施次数，从而达到降低维护成本的目的。

传统上隧道结构的检查计划制定倾向于采用周期性方式，这种检查计划主要确定了结构建成后的初次检查时间和后续检查周期。现行的规范中也推荐使用定期检查方式对隧道结构服役性能进行周期性检查评估，并规定了相应的检查频率[16]。然而，周期性检查在操作上方便，但是也存在不合理性。这种检查计划方式忽略了不同隧道间服役性能退化速度的不同，因此，规范给出的检查频率其实并不能适用于所有隧道。比如，对于某些隧道，规范给出的检查频率是保守的，而用于另外一些隧道则可能偏于危险。另外，隧道结构在自身服役寿命历史中的退化速度也是不断发展变化的，因而需要实施动态调整的检查计划方案。

隧道结构状态导向维护中使用检查计划函数来确定检查评估的时间安排，主要考虑结构服役状态退化趋势特征和检查计划函数的形式等因素影响，如图 2.4 所示。退化趋势特征主要影响检查频率在隧道结构服役寿命期内不同阶段的变化，比如对于具有加速退化趋势的隧道结构，在其服役后期应当加大检查频率。检查计划函数的形式可以结合隧道结构服役性能的退化趋势特征选用线性函数、双曲线函数和二次函数等不同形式。检查计划函数的参数和自变量可以包含当前隧道的服役时间、当前隧道检查评估得到的服役状态和隧道是否会实施维护措施等，其计算结果是从现在算起到下次检查的时间间隔。因此，采用检查计划函数制定的检查计划是动态调整的，在每一次检查评估后才能确定下一次检查时间。

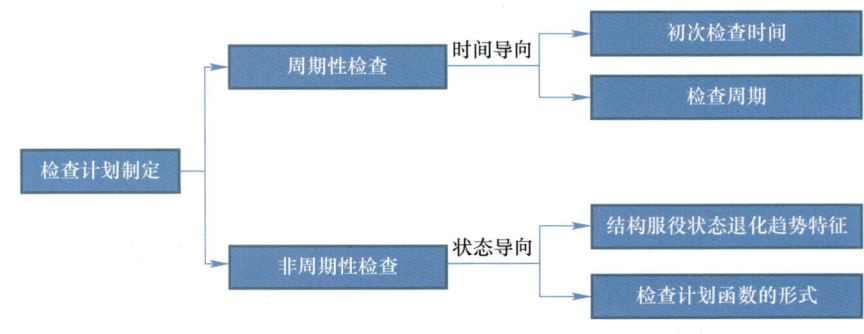

图 2.4　检查计划制定方法

检查计划制定的合理性将极大地影响维护管理的安全性和效率，无论是状态导向的非周期性检查还是时间导向的周期性检查，都需要注意优化选用合理的参数，以提高检查行为实施的效果。

2.5　隧道结构维修技术体系

2.5.1　维修技术体系的主要内容

隧道结构维修技术体系主要包含维修措施调查研究和维修规则制定两部分，如图 2.5 所示。维修措施部分主要调查研究怎样模拟维修措施实施的效果和如何计算维修成本。维修规则主要研究维修措施实施的时机，根据修复性维护、预防性维护和状态导向维护的不同，它们对应的维修规则研究内容也不相同。

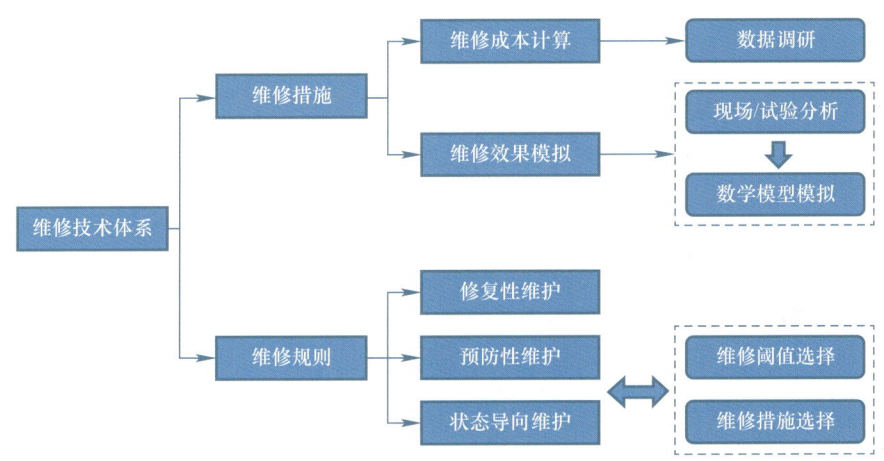

图 2.5　隧道结构维修技术体系

维修成本的计算主要通过数据调研得到，其来源可以是供应商的市场综合报价，也可以根据维修措施实施中消耗的人工、材料、机械台班等通过定额计算得到。维修措施实施的效果主要体现在对隧道结构服役性能的提升，以及可能导致的服役状态等级改变。维修措施效果的研究一般基于现场监测数据进行分析确定，也可以在实验室内进行模拟试验和监测。维修措施效果可以通过对维修措施实施前后服役性能的变化进行评估和比较之后得到，一般可以模拟为退化指标下降或者退化速率减缓等不同形式。因为实际操作中其效果受制于结构服役状态等级、施工质量和环境地质条件等不同因素，实践中某一种维修措施对隧道结构服役性能的提升并不是一个确定的数值，所以一般可以采用某一数值区间表示。通过对维修措施效果的定量化表达，可以在隧道结构服役性能退化模型中模拟反映维修行为的实施。

维修规则决定是否实施维修行为、何时实施维修行为和采取何种维修措施。修复性维护的维修规则是在结构或构件发生破坏时才进行维修，一般应用于电子、电气和机械工程等领域，并不适用于隧道结构的维护。预防性维护的维修规则是设定一个小于结构安全性极限的预防性维修阈值，当检查评估发现结构的退化指标达到或超过预防性维修阈值时实施维修行为。预防性维护通过较频繁的实施检查评估发现潜在危险，并设定一个接近失效极限的预防性维修阈值采取维修措施，以防止破坏发生，是大多数基础设施系统和结构采用的维护方法。状态导向维护的维修规则是在结构服役状态达到不同等级时采取不同的维修措施，以防止安全事故发生。它与预防性维护的不同之处有两方面：一是实施检查评估的时间基于退化模型，具有预测性；二是将隧道结构的服役状态划分为更多的等级，所以对应不同服役状态等级产生了更多的维修阈值，需要在维修措施选择较多的情况下进行比较选用。二者的相同之处是均需要确定维修阈值的数值。

2.5.2 隧道结构状态导向维修规则

根据看待结构服役状态角度的不同，可以将维修规则类型分为问题导向和状态导向两类，如图 2.6 所示。问题导向维修规则认为结构的服役状态可以分为失效和安全两种，主要研究的问题是：结构是否发生了失效和如何提前采取维修措施防止失效发生。修复性维护和预防性维护的维修规则就属于问题导向类型。状态导向维修规则认为结构服役状态可以分为许多不同的等级，对于不同服役状态等级需要采取不同的维修措施。

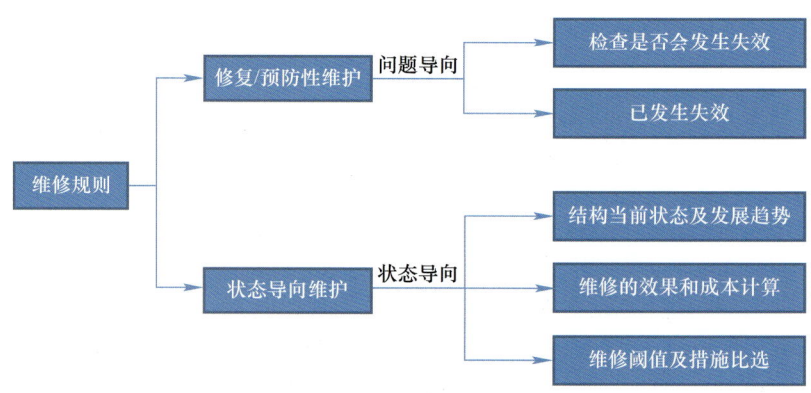

图 2.6　隧道结构状态导向维修规则

状态导向维修规则主要包含了维修阈值选择和维修措施选择。针对退化、劣化、恶化和危险等不同服役状态，分别可选用小修、中修、大修或重建等不同的维修措施。不同等级维修措施对隧道结构服役性能的提升不同，比如小修措施实施后不改变隧道结构当前服役状态等级，只能降低以后的退化速率，中修和大修措施实施后则可以改变隧道结构服役状态等级，并且二者改变的程度不同。影响维修阈值及措施选择的因素有隧道结构当前服役状态以及后续发展变化趋势，同时还需考虑每一种维修措施的实施效果及成本，并在结构的安全性要求和最小化维护成本的目标下统筹考虑。

2.6　隧道结构状态导向维护的实施过程

根据上述讨论的研究内容，隧道结构状态导向维护一般包含：建立退化模型、制定检查计划、实施检查评估、退化模型更新、确定下次检查时间、制定维修规则和实施维修措施等行为。下面结合图 2.7 对隧道结构状态导向维护实施过程进行阐述。

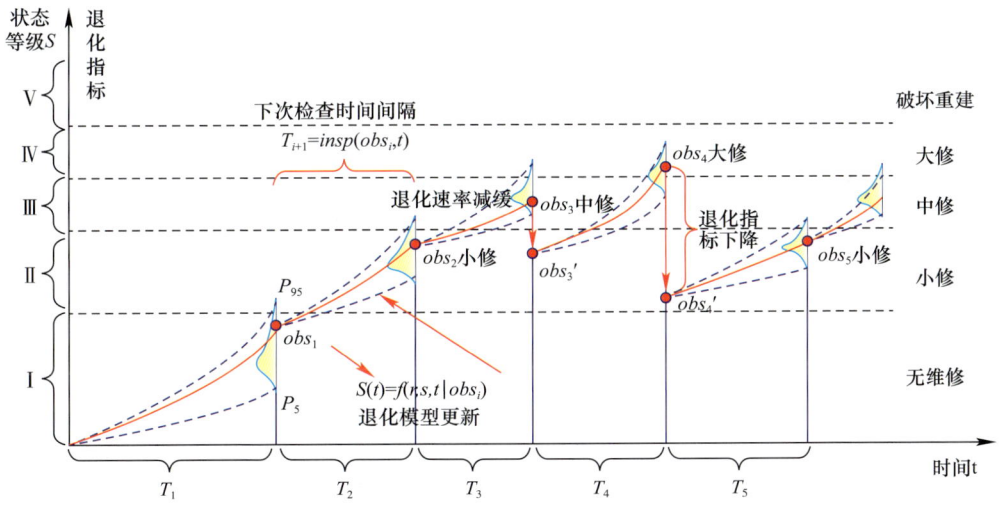

图 2.7　隧道结构状态导向维护实施过程

T_1 阶段：根据隧道结构退化机理过程或前期检查评估的数据，采用基于退化机理或数据驱动的建模方法，建立隧道结构服役性能退化模型，并对隧道结构服役状态发展变化情况进行预测。在每一个时间点，退化模型可以给出服役性能退化的概率分布预测，图 2.7 中的 P_{95} 和 P_5 分别是退化模型预测概率分布的 95% 和 5% 分位值。根据退化模型和制定的检查计划，在 T_1 阶段结束时进行一次检查评估，检查评估的结果记为对隧道结构服役性能退化情况的一次观测值 obs_1。

T_2 阶段：采用观测值 obs_1 对退化模型的参数进行更新，后续维护中均使用新观测值对退化模型进行更新，并以更新的退化模型作为预测基础。下次检查时间间隔（即 T_2）的确定是根据当前隧道结构服役状态和预测退化趋势等因素确定的。在 T_2 阶段结束时对隧道结构服役性能退化情况进行一次检查评估，观测值记为 obs_2。

T_3 阶段：此时观测值 obs_2 在服役状态 II 级，需要对隧道结构进行小修。小修措施实施后隧道结构服役状态未发生改变，但是退化速率减缓。在隧道结构退化模型中也要考虑维修措施的效果，从而更新退化模型的相关参数，使后续预测更加准确。T_3 阶段结束时隧道结构服役性能退化情况的观测值为 obs_3。

T_4 阶段：此时观测值 obs_3 在服役状态 III 级，需要对隧道结构进行中修。中修措施实施后隧道结构服役状态等级降低到 II 级，服役性能的观测值变化为 obs_3'。中修措施的实施改变了后续服役性能发展的起点，因而在退化模型中也要改变预测的退化过程路径。T_4 阶段结束时隧道结构服役性能退化情况的观测值为 obs_4。

T_5 阶段：此时观测值 obs_4 在服役状态 IV 级，需要对隧道结构进行大修。大修措施实施后隧道结构服役状态等级降低了两级，达到 II 级，服役性能的观测值变化为 obs_4'。大修措施的实施同样也改变了后续服役性能发展的起点。T_5 阶段结束时隧道结构服役性能退化情况的观测值为 obs_5。

T_5 阶段之后：与上述各阶段维护行为方式类似，基于当前观测到的服役状态对隧道结构采取不同维修措施，同时对退化模型进行更新，并使用检查计划函数安排下次检查计划时间。

结合图 2.7 和以上各节的阐述可以看出，在隧道结构状态导向维护中各种维护行为的实施基于隧道结构服役状态发展情况，并且各种维护行为是交叉的和关联进行的，相互之间产生影响。在相应的约束条件和目标函数指导下，通过优化算法对上述维护行为实施过程进行优化是隧道结构状态导向维护的主要思想和目的。

2.7 小结

本章梳理了隧道结构状态导向维护的相关概念、理论框架及实施过程，主要结论如下：

（1）提出了隧道结构状态导向维护方法，该方法围绕隧道结构服役性能发展建立退化模型，以服役状态为导向指标对检查计划制定和维修规则进行优化，达到在保障结构安全性的基础上降低维护资源投入的目的。

（2）梳理了隧道结构状态导向维护的主要研究内容框架，包括建立退化模型、检查计划制定和维修规则优化，并且指出 3 部分研究内容互相之间存在关联性，结果会相互影响和制约。

（3）总结了隧道结构服役性能退化模型的主要研究内容，包括建立退化模型和模型更新两部分；退化模型是隧道结构状态导向维护研究的核心问题之一，其建模方法可以分为基于机理模型的方法和数据驱动的方法；采用贝叶斯方法可以对模型进行更新，从而提高后期预测的准确性。

（4）总结了隧道结构检查评估技术体系的主要研究内容，并重点阐述了状态导向检查计划制定的研究内容；比较了时间导向的周期性检查和状态导向的非周期性检查的不同，指出实施动态调整的检查计划方案的合理性和必要性。

（5）总结了隧道结构维修技术体系的主要研究内容，并重点阐述了状态导向维修规则的研究内容；区别于传统的维护方法将结构服役状态分为正常和失效两种情况，状态导向维修规则认为结构服役状态可以分为许多不同的等级，对于不同服役状态等级需要采取不同的维修措施。

（6）对隧道结构状态导向维护的实施过程进行了阐述。

第 3 章　隧道结构服役性能退化模型

3.1　退化原因分析和指标选取

一般来说，隧道结构包围在水土环境中，有时还承受变化的荷载和腐蚀性物质的侵蚀，其服役性能比地上结构更容易发生退化。隧道结构服役性能发生退化的原因比较复杂，一般归结为两个主要原因：（1）结构材料所提供的抗力随着时间发生退化；（2）荷载或环境作用效应随着时间发生波动或者增长。从失效概率或可靠度分析的视角来看，退化过程可以采用公式（3.1）进行描述和计算。

$$g(t) = R(t) - S(t) \tag{3.1}$$

在公式（3.1）中，$R(t)$ 是随时间退化的结构抗力，$S(t)$ 是荷载或环境作用效应，$g(t)$ 是极限状态方程。一般观点都认为结构抗力是随着时间发生退化的，但是对荷载随时间的变化还存在不同认识。有些学者将荷载模拟为一系列具有强度为 S_i，持续时间为 τ 的随机作用脉冲[60]。在这种情况下，虽然荷载也是随机变化的，但是荷载的均值是基本不变的。有些学者认为结构承受荷载的概率分布均值也是随着时间增长的[61]。两种代表性观点如图 3.1 所示，其中图 3.1(a) 是将荷载均值假设为基本不变的情况，图 3.1(b) 是将荷载均值假设为随时间增长的情况。对隧道结构来说，由于所处的环境条件比较恶劣，结构的材料性能一定会随着服役时间的增加而退化，而荷载的变化情况则需要进行专门调查和测量。所以，建立退化模型的前提是掌握抗力及荷载随时间发生的变异情况。

发生退化的隧道结构会产生多种病害，并有许多不同的破坏模式。隧道结构退化过程中常见的病害有横断面变形，混凝土开裂，渗漏水和不均匀沉降等，一般可以综合上述影响因素建立较为全面的隧道结构服役性能综合评估体系，以此评估体系指标建立退化模型。另外，在所有的病害类型中，横断面变形是最重要和具有代表性的病害，它能够比较综合的反映隧道结构承载力和周边荷载的变化，而且该指标通常在隧道结构服役状态等级评估中作为结论性指标使用。因此，为了重点介绍退化模型的建立过程，简化退化指标的计算，隧道结构服役性能退化过程也可以采用横断面变形作为退化指标建立预测模型。

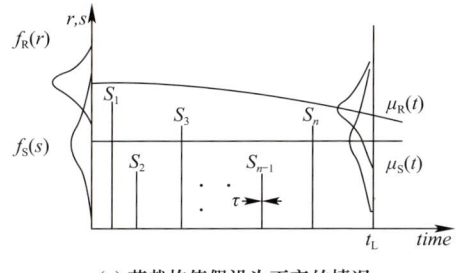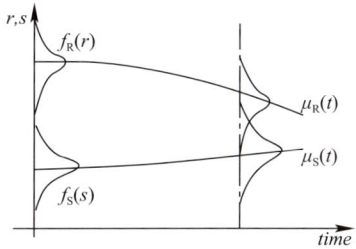

(a) 荷载均值假设为不变的情况　　　　(b) 荷载均值假设随时间增长的情况

图 3.1　退化过程中抗力和荷载的变化

r—结构抗力；s—荷载；$f_R(r)$—r 的概率分布；$f_S(s)$—s 的概率分布；$\mu_R(t)$—r 的均值；

$\mu_S(t)$—s 的均值；S_i—随机荷载的强度；τ—荷载持续时间；t_L—设计服役寿命

下面以圆形盾构隧道结构横断面变形为退化指标，分别采用基于机理的退化过程建模方法和数据驱动的退化过程建模方法建立隧道结构服役性能退化模型。需要说明的是对采用钻爆法、沉管法和顶管法等不同施工方法建设的结构形式各异的隧道，其退化模型建模方法与圆形盾构隧道结构类似，但是因为其力学模型、材料和荷载不完全相同，需要根据具体工程情况拓展应用。

3.2　基于机理的退化过程建模

本节提出了一种圆形盾构隧道基于荷载-结构模型的概率退化模型建模方法。首先，以圆形盾构隧道结构的修正均质圆环模型为计算横断面变形的基本模型。然后调查研究在隧道结构服役过程中影响模型参数随时间变化的因素及参数取值的不确定性，从而得到隧道结构横断面变形发展的概率退化模型。根据测量数据、设计报告和规范等对模型参数取值的概率分布进行假设，可以得出横断面变形随时间发展的预测值。本研究还提出了对模型参数进行敏感性分析的方法以及采用实测数据对模型进行 Bayesian 更新的方法。

3.2.1　基本模型

本章以圆形盾构隧道结构的横断面变形为研究对象，典型的圆形盾构隧道结构及其横断面如图 3.2 所示。所研究的盾构隧道结构由六片工厂预制的圆弧形钢筋混凝土管片拼装而成，管片之间通过环向螺栓连接构成一个受力圆环，环与环之间通过纵向螺栓连接组成区间隧道。盾构隧道的管片衬砌和螺栓共同受力组成一个超静定的地下结构。从结构形式来看，圆形盾构隧道因为拼装含有大量接缝，结构整体性不高，接头处较为薄弱，是具有一定柔性的结构形式，当土层上部存在超载或者侧面出现开挖卸载时容易发生较大横断面变形。

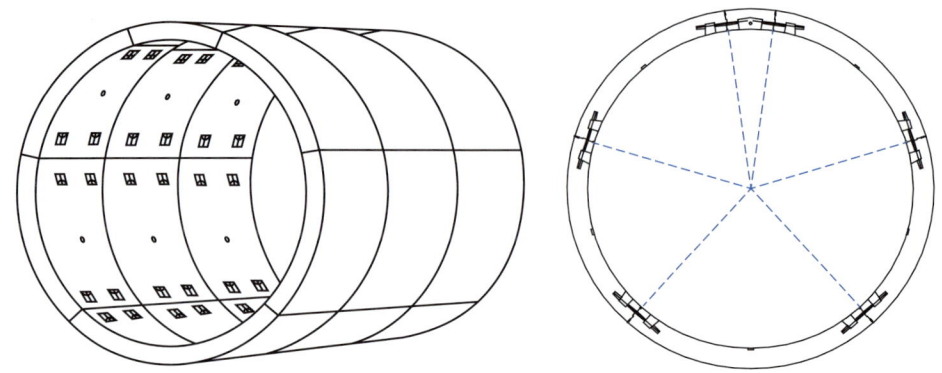

图 3.2 典型的盾构隧道结构（左）及横断面（右）示意图

盾构隧道结构分析中常采用均质圆环模型计算横断面变形值。均质圆环模型将一个管片环看作一个具有一定刚度的弹性圆环，该圆环承受周边的水土压力荷载。因为管片环是由管片通过螺栓连接起来的，两片管片接缝处的刚度明显小于钢筋混凝土管片本身的刚度。基于以上考虑，修正均质圆环模型引入等效抗弯刚度系数 η 来克服均质圆环模型中对刚度均匀分布且都等于管片刚度假设的不足。在修正均质圆环模型中，假设管片的抗弯刚度为 EI，那么考虑了接缝处削弱作用的整个管片环的抗弯刚度为 ηEI。因为该模型简化合理，计算效率高，国际隧道协会（International Tunneling Association，ITA）在发布的盾构隧道衬砌设计指导书中推荐使用修正均质圆环模型并且该模型被国内外的设计、施工和研究人员广泛采用[62,63]。

盾构隧道结构修正均质圆环模型上的荷载主要有土压力、水压力和地基抗力等[63]，如图 3.3 所示。在该荷载分布假设中，竖向的土压力 p_{w1} 和水压力 p_{e1} 的总和与竖向荷载引起的地基抗力 P_r 数值上大小相等，方向相反。侧向土压力和水压力随着隧道深度增加均匀增长，他们的数值等于该深度处竖向土压力和水压力的数值乘以侧压力系数。侧压力系数 λ 通常可以通过地质勘查报告或设计规范得出[63]。地基抗力 q_r 是土层对隧道结构侧向变形发展产生的抗力，它的数值等于隧道结构的侧向变形乘以地基抗力系数 k。q_r 假设呈三角形分布在均质圆环的两侧中部。地基抗力系数 k 也是一个经验性系数，它的取值因土层类型不同变化范围很大。一般在某一工程项目中，地质勘查报告或者设计报告会给出该参数的建议值。荷载模型中上部超载 P_0 是考虑从上部道路、周边建筑物和其他附属设施传来的荷载，一般假设为隧道正上方均匀分布的荷载或直接作为一部分荷载计算在竖向土压力中。p_g 是隧道的整体自重，简化为与一部分地基反力平衡的均匀分布荷载。

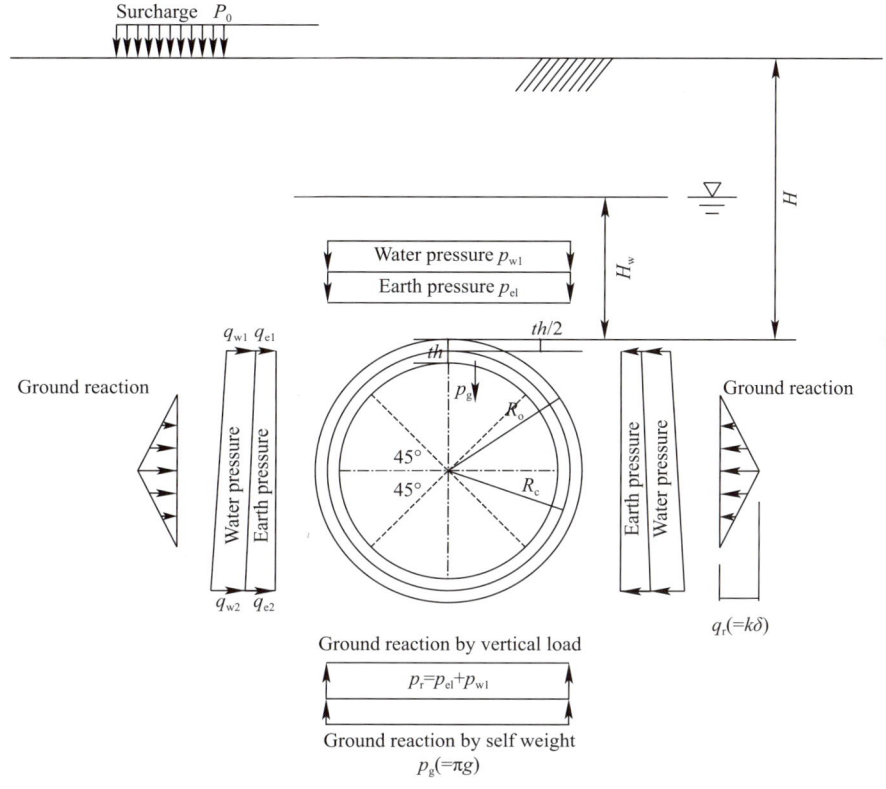

图 3.3　修正均质圆环模型上的荷载及分布[63]

p_{w1}—竖向水压力；p_{e1}—竖向土压力；p_r—竖向荷载引起的地基抗力；p_g—自重；q_{w1}—隧道顶部的侧向水压力；

q_{w2}—隧道底部的侧向水压力；q_{e1}—隧道顶部的侧向土压力；q_{e2}—隧道底部的侧向土压力；

q_r—侧向变形引起的地基抗力；k—地基抗力系数；δ—侧向变形；H_w—地下水位深度；H—隧道埋深；

P_0—上部超载；th—管片厚度；R_o—管片衬砌环的外径；R_c—管片衬砌环的计算半径

参考 ITA 的报告[62]，修正均质圆环模型上的主要荷载可以通过公式（3.2）～公式（3.8）计算得出：

$$p_{e1} = P_0 + \gamma \cdot H \tag{3.2}$$

$$p_{w1} = \gamma_w \cdot H_w \tag{3.3}$$

$$p_g = \pi \cdot \gamma_c \cdot th \tag{3.4}$$

$$q_{e1} = \lambda \cdot \left(p_{e1} + \frac{\gamma \cdot th}{2} \right) \tag{3.5}$$

$$q_{w1} = \lambda \cdot \left(p_{w1} + \frac{\gamma_w \cdot th}{2} \right) \tag{3.6}$$

$$q_{e2} = q_{e1} + 2\lambda \cdot \gamma \cdot R_c \tag{3.7}$$

$$q_{w2} = q_{w1} + 2\lambda \cdot \gamma_w \cdot R_c \tag{3.8}$$

其中，γ，γ_w，γ_c 分别是土体的单位自重，水的单位自重及钢筋混凝土管片的单位自重。

圆形盾构隧道的横断面变形定义为变形的隧道内轮廓断面最长弦长减去原内轮廓断面设计直径。当圆形盾构隧道承受对称荷载时，发生变形隧道结构的水平弦长一般是最大弦长。通过现场观察及计算可以发现，圆形盾构隧道承受对称荷载后发生变形的形状接近为椭圆形，如图 3.4 所示。基于修正均质圆环模型，给定计算荷载和材料特性参数，隧道横断面变形值 Δ 可以直接通过 ITA 报告中的弹性平衡公式计算得出，如公式（3.9）和公式（3.10）所示[62]。

$$\Delta = 2\delta \tag{3.9}$$

$$\delta = \frac{R_c^4 \left[2(p_{e1} + p_{w1}) + p_g - (q_{e1} + q_{w1}) - (q_{e2} + q_{w2}) \right]}{24(\eta \times EI + 0.0454kR_c^4)} \tag{3.10}$$

其中，δ 是由荷载引起的管片环侧向变形（半边），公式（3.10）中的参数和图 3.3 中的参数意义相同。

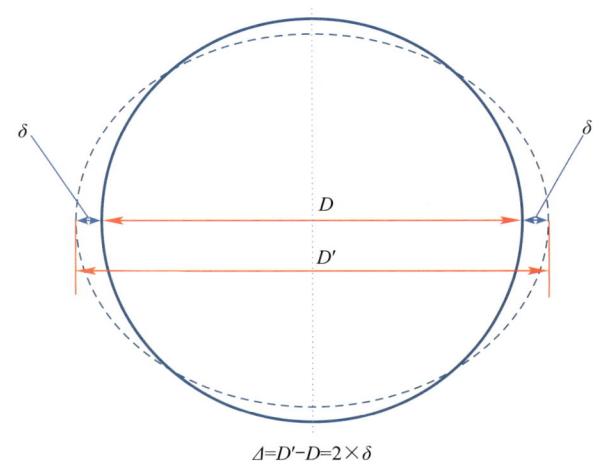

$$\Delta = D' - D = 2 \times \delta$$

图 3.4　圆形盾构隧道的横断面变形

除了荷载引起的变形，实际上隧道结构在建设完成后每一环管片都存在初始变形，该初始变形主要由施工误差引起。因为施工中不同位置工程质量控制不同，不同管片环的初始变形 id 是一个随机量。在本研究中，隧道结构的初始变形认为是服从正态分布的，其均值为 μ，标准差为 σ，如公式（3.11）所示。

$$id \sim N(\mu, \sigma) \qquad (3.11)$$

本研究在建立概率退化模型时，除了荷载引起的变形，还需要考虑上述初始变形。因此，建立的概率退化模型也包含上述初始变形，模型给出的预测值为 $id + \Delta$。

3.2.2　时变因素分析

如果在隧道结构服役寿命内不采取加固和维修措施，隧道结构横断面变形会持续增长，这说明隧道结构服役性能是随着时间逐渐退化的。这种时变特性可能由多种因素引起[60,61,64]。在本研究中，引起隧道结构服役性能发生退化的因素主要分为 2 大类进行调查研究：（1）材料性能因自身老化和环境影响的因素；（2）荷载随时间变化的因素。

3.2.2.1　材料性能的退化

盾构隧道的管片环是由钢筋混凝土管片、钢螺栓和橡胶防水垫组成的。它们的退化一般是钢筋混凝土管片中的钢筋发生锈蚀，混凝土发生收缩和徐变，以及橡胶防水垫发生老化松弛等。这些退化作用对结构长期性能的影响是会导致管片和接缝处抗弯刚度下降。本研究将管片衬砌中钢筋锈蚀及混凝土收缩和徐变作为主要退化因素考虑，因为隧道长期包围在水土压力荷载环境中，有较大风险发生上述退化现象。

（1）钢筋锈蚀

钢筋锈蚀是导致隧道管片衬砌抗弯刚度（EI）下降的因素之一，从而进一步引起横断面变形增加。钢筋混凝土中钢筋锈蚀的危害一般认为包括两方面：一是锈蚀会导致钢筋有效截面积减小从而相应削弱了钢筋混凝土管片的强度；二是由于锈蚀产物不断增加，而且锈蚀产物的体积大于损失的钢筋体积，造成包裹钢筋周围的混凝土受到膨胀压力从而导致开裂或混凝土保护层脱落。

然而，实际上锈蚀过程难以由理想化的数学推导和计算得出。尽管许多学者已经提出很多模型用来描述钢筋混凝土构件中锈蚀的发生过程[65-68]，但在已知的文献中还未看到有模型定量化研究锈蚀钢筋混凝土管片抗弯刚度随时间变化的关系。不过，该时变关系可以结合试验研究和理论推导给出，只要给定如下三个关系：①抗弯刚度和锈蚀挠度系数之间的关系；②锈蚀挠度系数和锈蚀程度之间的关系；③描述锈蚀程度随时间发展的锈蚀模型。

1）抗弯刚度和锈蚀挠度系数之间的关系

钢筋混凝土管片在结构分析时可以简化为一个曲梁，其力学特性和分析方法与直梁相似。根据对普通直梁荷载-变形曲线的分析，它的抗弯刚度（EI）是随着荷载情况发展不断变化的，但是在达到梁的极限承载力之前基本保持为一个常数[69]。所以试验中同等荷载大小下不同梁的挠度测量值可以代表其抗弯刚度 EI 的大小，如公式（3.12）所示：

$$EI = k \times \frac{M}{f} \tag{3.12}$$

其中，f 是梁的挠度测量值，k 是与梁的几何参数和约束条件有关的常数，M 是施加在梁上的弯矩。

假设同样大小的荷载作用在一个抗弯刚度为 EI_{corr} 的锈蚀梁上，产生的挠度为 f'。令锈蚀挠度系数 $D_r = f'/f$ 表示同等荷载条件下锈蚀梁挠度与无锈蚀梁挠度的比值，那么我们可以得出锈蚀挠度系数与两种梁抗弯刚度系数之间的关系：

$$D_r = \frac{f'}{f} = \frac{EI}{EI_{corr}} \tag{3.13}$$

其中，EI 和 EI_{corr} 分别表示无锈蚀梁和锈蚀梁的抗弯刚度。

2）锈蚀挠度系数和锈蚀程度之间的关系

钢筋混凝土梁的锈蚀程度一般可以用锈蚀百分比 C_{perc} 来表示，它等于锈蚀后钢筋剩余有效截面积占原钢筋截面积的百分比。Cabrera（1996）和 Ballim 等人（2003）进行的试验得出结论认为锈蚀百分比 C_{perc} 和锈蚀挠度系数 D_r 之间存在线性相关性[70,71]。Cabrera 在他的研究结果中给出采用波兰特水泥的钢筋混凝土梁 C_{perc} 和 D_r 之间有如下线性回归关系[70]：

$$D_r = 1.002 + 0.05 C_{perc} \tag{3.14}$$

3）锈蚀模型和锈蚀程度计算

锈蚀模型可以用来计算锈蚀百分比随时间的变化。本研究采用了广泛使用的 Tuutti 两阶段锈蚀模型对锈蚀百分比进行计算[65]。该模型假设锈蚀过程可以分为两个阶段：起锈阶段和锈蚀发展阶段。在起锈阶段，退化主要是从混凝土表层到钢筋表面的混凝土保护层碳化和氯离子渗透，在起锈阶段结束后，混凝土对钢筋的保护作用结束。在锈蚀发展阶段，钢筋的锈蚀开始发生，并且以较快速度发展，最终锈蚀产物膨胀导致混凝土表层出现开裂乃至脱落。

在起锈阶段，梁的刚度和承载力变化可以忽略不计。起锈时间 t_0 等于隧道运营开始时间到钢筋开始发生锈蚀的时间，可以通过如下公式计算[60]：

$$t_0 = k_c C^2 \tag{3.15}$$

其中，C 是混凝土保护层的厚度，k_c 是从实验室加速退化实验或者现场调查数据分析得到的系数。目前有许多可以用来估计锈蚀发展阶段钢筋锈蚀速率的预测模型[66]，可以根据实验情况选用不同的模型。因此，为了简化起见，随时间增加的锈蚀深度 x 可以通过下述公式模拟[60]：

$$x = c t_1^q \tag{3.16}$$

其中，c 和 α 是从实验中得到的两个锈蚀经验系数，t_1 是从锈蚀发展阶段开始算起的时间。

根据上述计算结果，假设锈蚀环向均匀的发生在钢筋表面，可以推导锈蚀百分比 C_{perc} 的计算公式为：

$$C_{perc} = \frac{\pi \cdot (D_{rebar})^2 - \pi \cdot (D_{rebar} - 2x)^2}{\pi \cdot (D_{rebar})^2} \times 100(\%)$$

$$= \left(\frac{4x}{D_{rebar}} - \frac{4x^2}{D_{rebar}^2} \right) \times 100(\%) \tag{3.17}$$

其中，D_{rebar} 是钢筋混凝土管片中钢筋的初始直径。需要指出的是上述假设忽略了锈蚀现象在钢筋局部环向和径向以及隧道结构整体环向和径向分布上的差异性。上述均匀化假设可能会导致比较保守的结论，但是通过将锈蚀情况整体上进行简化假设和平均化处理来评估管片抗弯刚度的锈蚀削弱效果是合理的和必要的。

t 是从隧道运营开始计算的时间，当 $t > t_0$ 时有 $t_1 = t - t_0$。根据公式（3.16），锈蚀发展阶段中锈蚀深度 x 可以写为 $c(t - t_0)^\alpha$。因此，锈蚀百分比随时间发展情况可以按下述公式计算：

$$C_{perc}(t) = \begin{cases} 0 & (t < t_0) \\ \left(\frac{4 \times c(t - t_0)^\alpha}{D_{rebar}} - \frac{4 \times c(t - t_0)^{2\alpha}}{D_{rebar}^2} \right) \times 100(\%) & (t > t_0) \end{cases} \tag{3.18}$$

根据公式（3.13）、公式（3.14）和公式（3.18），随时间变化的锈蚀管片抗弯刚度 $EI_{corr}(t)$ 可以表示为：

$$EI_{corr}(t) = \begin{cases} EI & (t < t_0) \\ \dfrac{EI}{1.002 + 0.05 \times C_{perc}(t)} & (t > t_0) \end{cases} \tag{3.19}$$

（2）混凝土徐变和收缩引起的长期变形

隧道的钢筋混凝土管片衬砌会受到混凝土徐变和收缩影响而产生长期变形，这也意味着隧道结构服役后期的横断面变形（长期变形）相比于初始计算变形量（短期变形）会相应变大。徐变和收缩的机制不同：混凝土的收缩一般定义为当混凝土发生失水或干燥时荷载产生应变或者混凝土体积变化（体积减小），而混凝土的徐变定义为当混凝土受到某一持续荷载时应力引起的应变在初始弹性应变发生后还随时间持续增长[74,75]。实际上，徐变和收缩都会导致钢筋混凝土管片衬砌发生长期变形。美国混凝土协会（American Concrete Institute，ACI）在其发布的 ACI 209.2R-08 中指出，目前还难以准确、定量地给出混凝土收缩和徐变对混凝土结构内力及变形的影响[72]。从工程应用角度，ACI 318—14 推荐了一种简化处理方法，即长期变形可以通过短期变形直接乘以一个长期挠度系数 θ 得出。长期挠度系数 θ 是一个考虑了配筋率和构件几何尺寸的经验性系数，可由公式（3.20）计算得出[73]：

$$\theta = \frac{2.0}{1+50p'} \tag{3.20}$$

其中，p' 是受压区的配筋率。因此，管片衬砌考虑了长期变形影响的抗弯刚度可以表示为：

$$EI_1 = \frac{EI}{\theta} \tag{3.21}$$

（3）其他退化过程

混凝土结构还会受到硫酸盐腐蚀和碱骨料反应等作用的影响。为了能够实施概率退化模型进行预测，我们需要描述上述退化过程的基本时变模型。但是，对于上述退化现象的研究，Helland（2013）结合 fib Model Code 2010 和 ISO 16204 的应用指出目前还未形成能得到国际同行一致承认的模型[76]，因此这些退化影响因素并未纳入本书研究中。不过从对既有盾构隧道结构现场检查和调研的数据来看，管片衬砌的变形主要就是由于管片锈蚀和长期变形引起，所以可以认为上述模型包含了盾构隧道抗力退化过程中的主要影响因素。

综上所述，将锈蚀的影响 $[EI_{\text{corr}}(t)]$ 和长期变形的影响 $[EI_1(t)]$ 结合起来考虑，随时间退化的隧道结构管片衬砌抗弯刚度 $EI_{\text{deg}}(t)$ 可以计算为：

$$EI_{\text{deg}}(t) = \begin{cases} EI & (t < t_0) \\ \dfrac{EI}{\theta \times [1.002 + 0.05 \times C_{\text{perc}}(t)]} & (t > t_0) \end{cases} \tag{3.22}$$

3.2.2.2　荷载的变异性

隧道结构的荷载主要来源于水土压力、上部超载及地基抗力，在修正均质圆环模型中，影响荷载计算的参数主要有地下水位和岩土地质参数。下面分别讨论他们在退化过程中的变异性。

（1）地下水位

在大多数城市中，地下水位会随时间产生季节性涨落或者因地下水过度开采而降低。地下水位 H_{w} 可以看作一个随机变量，假设服从如下分布：

$$H_{\text{w}} \sim R(lb, ub) \tag{3.23}$$

其中，R 是随机分布类型，lb 是地下水位的下界，ub 是地下水位的上界。

（2）岩土地质参数

许多退化因素会影响岩土地质参数随时间的变化。参数 k 和 λ 一般根据岩土地质勘察报告、设计报告或者设计规范给出，它们的取值受到很多因素影响，比如土层的压缩性，结构的刚度和土层的地应力分布等。在进行结构变形计算时，一般采用设计阶段调查得到的参数取值。然而，这些参数的数值可能会因为施工扰动或运营时周边环境条件影响发生变化。因为在运营阶段存在的未知因素太多，以目前的研究水平还无法采用时变函数对上述变化进行准确估计。因此，在概率退化模型中没有描述岩土地质参数随时间变化的模型，他们的变异性反映在每次检查后进行的参数更新中。

3.2.3　参数的不确定性假设

隧道中不同管片环在服役寿命期内的表现各不相同，这是由于材料和荷载情况在空间和时间上的变异性引起的，因此采用概率方法预测隧道结构管片衬砌环的服役性能比采用确定性方法更加合理。首先，所有有关计算横断面变形的参数均假设为随机变量。因为各个参数的不确定性和变异性不同，在概率退化模型中他们的变化范围根据设计报告、测量数据或设计规范进行不同的假设。不同参数的不确定性和变异性程度讨论如下。

几何参数：管片衬砌环的计算半径 R_c，管片的厚度 th 和管片衬砌中钢筋的原始直径 D_{rebar} 在退化模型中被归类为几何参数。这些参数一般由设计报告提供并且管片衬砌是在工厂中预制浇筑完成的，因此不确定性和变异性很小。例如，钢筋混凝土管片半径的允许制造误差是 $\pm 2mm$（设计内轮廓断面半径为 $2750mm$）[77]。

材料参数：钢筋混凝土管片的抗弯刚度 EI 在退化模型中被归类为材料参数。因为管片是在工厂中预制完成的，不同管片的抗弯刚度 EI 在数值上存在非常小的变异。

岩土地质参数：隧道埋深 H，地下水位深度 H_w，地基抗力系数 k，侧向土压力系数 λ，单位土体自重 γ，隧道上部超载 P_0 在退化模型中被归类为岩土地质参数。这些参数的取值可能会沿着隧道长度方向发生变化。对于某一特殊工程，这些参数的取值来源于岩土地质勘查报告，而这些推荐值仅是在沿隧道方向的几个局部部位采样得出，难以完全反映岩土地质参数所有可能的变化情况。不过，参数 H 和 H_w 通常可以较准确地测量得到，所以也就意味着隧道结构的竖向荷载一般比较稳定。

模型参数：等效抗弯刚度系数 η，长期挠度系数 θ，起锈时间 t_0，锈蚀发展模型中的线性系数 c 和指数系数 α。这些参数是钢筋锈蚀模型，混凝土徐变和收缩引起的长期变形模型和修正均质圆环模型中的经验性参数。一般，它们的取值可以根据经验确定或者从试验室的加速试验数据得到，不过这些参数数值的确定过程包含了大量的不确定性。

上述参数的概率分布假设可以参考已经发布的标准和发表的文献[62,63,69,72,77,78]。另外，选择合适的分布类型对输入参数假设是十分重要的，参数的假设分布类型可以参考国际结构安全联合委员会（Joint Committee on Structural Safety，JCSS）的 Probabilistic Model Code[80]。对于某些不能取负值的参数，比如材料强度和土层力学特性，可以采用的假设分布类型为对数正态分布（Log-normal distribution）。对于参数含有范围限界的推荐采用截断正态分布（Truncated normal distribution）。需要指出的是模型的输出结果和参数敏感性分析结果可能也会对采用的参数分布类型十分敏感，因此选择合适的概率分布假设十分重要。

3.2.4 概率退化模型

考虑基本模型中参数的时变特性及不确定性可以推导得出概率退化模型。考虑到模型结果和实际数值的差异，引入模型误差 ε 到退化模型中用来考虑模型的预测误差。预测误差是由于模型简化误差、参数假设误差、数值解算误差或者其他未知因素引起的预测结果和实际观测值的偏差。因此，考虑了模型误差之后，从公式（3.9）~公式（3.11）和公式（3.22）可以推导得到概率退化模型如下：

$$\Delta(t) = id + \frac{R_c^4 [2(p_{e1} + p_{w1}) + p_g - (q_{e1} + q_{w1}) - (q_{e2} + q_{w2})]}{12(\eta \times EI_{deg}(t) + 0.0454 k R_c^4)} + \varepsilon \quad (3.24)$$

化为更简洁的表达方式，

$$\Delta(t) = \begin{cases} f(X_i, t) + \varepsilon \\ X_i = \{id, c, t_0, \alpha, \eta, k, \lambda, H, H_w, \gamma, R_c, th, D_{rebar}, EI, \theta, P_0\} \end{cases} \quad (3.25)$$

其中，X_i 是概率退化模型的输入参数向量。假设 ε 服从均值为 0，标准差为 σ 的正态分布，可以表示为 $\varepsilon \sim N(0, \sigma)$。

单独一个输入参数的概率分布可以从设计报告、测量数据或规范中收集得到，如公式（3.26）所示：

$$X_i \sim p(x_i \mid \theta) \quad (3.26)$$

其中，x_i 是输入参数 X_i 的一个采样点，p 是采样点的概率分布类型，θ 是该概率分布类型的参数。通过蒙特卡洛模拟（Monte Carlo Simulation）或者其他模拟计算方法可以得到退化模型的概率分布输出结果。在时刻 t，该模型预测的隧道结构横断面变形服从如下概率分布：

$$\Delta(t) \sim p(\Delta_i \mid \Omega) \quad (3.27)$$

其中，Δ_i 是预测的横断面变形概率分布的一个采样点，Ω 是预测的横断面变形概率分布的参数。该模型的概率分布输出结果可以在维护过程中对可能发生的破坏现象进行预测，并对检查评估行为的时间安排进行规划。

3.2.5 模型参数的敏感性分析

为了发现对模型输出结果有较大影响的参数，本研究对概率退化模型的参数进行局部敏感性分析（Local Sensitivity Analysis，LSA）和全局敏感性分析（Global Sensitivity Analysis，GSA）。同时具有较高局部敏感性分析指标和全局敏感性分析指标的参数，被认为是概率退化模型的重要参数。

为了定量化研究每一个输入参数对模型输出结果的影响，局部敏感性分析方法采取的算法是对模型输出结果 Δ 在输入参数 X_i 的输入数值处求导。LSA 指标 L_i 可以通过下式计算：

$$L_i = \left| \frac{\partial(\Delta)}{\partial X_i} \right|_{X^0} \qquad (3.28)$$

其中，下标 X^0 说明导数运算是在输入参数取值区间中的某一指定值（X^0）处进行的。

全局敏感性分析方法可以在输入参数的整个取值区间探索，因而提供了一种比局部敏感性分析方法更加鲁棒的参数敏感性评价结果[81]。GSA 指标可以用来估计单个参数或者某一部分参数对模型输出结果的影响，减少前期需要估计的不确定性参数数量，进而降低不确定性分析的计算压力。在复杂的数学模型中，GSA 指标一般可以采用模特卡洛算法或准蒙特卡洛算法进行计算[82]。

Sobol（2001）和 Saltelli 等人（2008）提供了一种基于方差的 GSA 指标计算方法，可以用来定量评价各个参数对模型输出不确定性的贡献[82,83]。其中，基于 Sobol 算法的 GSA 一阶指标定义为：

$$S_i = \frac{V[E[\Delta \,|\, X_i]]}{V[\Delta]} \qquad (3.29)$$

其中，$E[\ ]$ 和 $V[\ ]$ 符号分别代表取均值和取方差。S_i 计算出了参数 X_i 的变化对模型输出结果 Δ 不确定性的单独影响，不包含它与其他参数之间相互作用对输出结果 Δ 的影响。

参数 X_i 基于 Sobol 算法的 GSA 全阶指标定义为：

$$S_{ti} = 1 - \frac{V[E[\Delta \,|\, X_{-i}]]}{V[\Delta]} \qquad (3.30)$$

其中，$E[\Delta \,|\, X_{-i}]$ 表示给定除了 X_i 以外其他所有参数后模型输出结果 Δ 的均值。S_{ti} 计算了参数 X_i 的变化对模型输出结果 Δ 不确定性的全部影响，因此也包括 X_i 与其他参数之间相互作用对输出结果的影响[81]。

敏感性分析得出的结果可以用来识别哪些参数的变化带来的影响可以忽略不计，从而在退化模型中将它们作为常数考虑，进一步简化模型。

3.2.6　贝叶斯更新方法

随着时间的增加，退化模型长期预测的不确定性也会增加，因为会有大量带有不确定性的未知因素造成隧道结构变形不断发展，超出退化模型的预测范围以外。一种减少预测不确定性的方法是每隔一定时间使用结构现场观测值对模型预测结果进行修正。因此，如果一旦获取了新的观测数据或者现象，应当及时对模型参数进行更新。本研究发展的概率退化模型可以使用贝叶斯（Bayesian）更新方法对模型输入参数的分布进行修正和更新。

本研究中假设 $\Delta(t)$ 是模型在时刻 t 的预测值，$\Delta(t)_{obs}$ 是当时的观测数据。观测数据和预测值之间的差异 $\Delta(t)_{obs}-\Delta(t)$ 叫做模型误差，在图 3.5 中用 ε 表示。模型输入参数 X_i 和模型误差 ε 的分布可以通过贝叶斯更新方法进行更新。

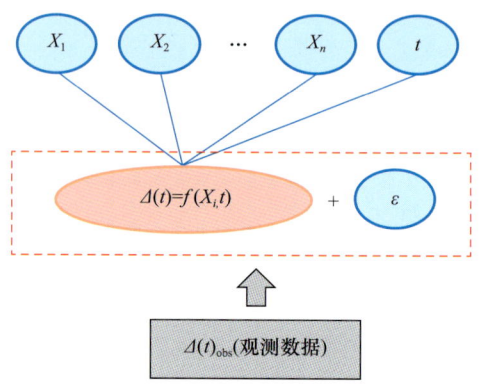

图 3.5 概率退化模型的贝叶斯更新方法

在多变量贝叶斯更新中，假设 x 是观测数据的采样点，θ_i 是采样点的概率分布参数（i.e. $x \sim p(x \mid \theta_i)$），$\alpha_{ij}$ 是概率分布参数的参数（i.e. $\theta_i \sim p(x \mid \alpha_{ij})$），$X$ 是一系列数据采样点的观测值。那么采样分布应该等于采样点的观测值在给定概率分布参数下的条件概率分布，也就是似然函数[84]：

$$L(\theta_i; X) = p(X \mid \theta_i) \tag{3.31}$$

后验分布是考虑了观测数据影响之后参数的概率分布。该分布由贝叶斯定理决定，该定理也是贝叶斯更新的核心方法[84]，后验分布 $p(\theta_i \mid X, \alpha_{ij})$ 可以由公式（3.32）计算得出：

$$p(\theta_i \mid X, \alpha_{ij}) = \frac{p(X \mid \theta_i) p(\theta_i \mid \alpha_{ij})}{p(X \mid \alpha_{ij})} \propto L(\theta_i; X) p(\theta_i \mid \alpha_{ij}) \tag{3.32}$$

公式（3.32）表明，模型参数的后验分布与似然函数及参数先验分布的乘积呈正比关系。

3.3 数据驱动的退化过程建模

3.3.1 随机退化过程概述

在 3.2 节中，本研究采用修正均质圆环模型为基础建立了隧道结构服役性能的概率退化模型，该方法的局限性在于应用到几何形状不同的隧道结构时需要调整使用的基本模型，另外应用到新隧道时需要调查采集的输入参数信息较多，因此迁移性不强。本节主要介绍另外一种数据驱动的退化过程建模方法。

数据驱动的退化过程建模方法多采用随机过程作为基本数学模型。可采用的随机过程分为连续随机过程和离散随机过程（如 Markov Chain 等）两种类型。Markov Chain 是常用的离散随机过程模型，使用该过程建立的退化模型在定义系统所在状态和状态转移概率矩阵之后即可进行模拟求解。不过，Markov Chain 对系统的简化太多，而且状态转移概率矩阵很难得到精确结果，应用范围比较窄。常用的连续随机过程模型有 Gamma 过程和 Brownian Motion with Drift 过程等，早期进行的研究还有使用 Gaussian 过程来模拟系统退化。从 Gaussian 过程的统计特征来看，由于它很难保持单调性，随机性也比较大，其实并不适合描述土木工程结构的退化过程。Brownian Motion with Drift 是带有漂移的 Brownian Motion 过程，该过程虽然不是单调递增的，但是可以调整过程中的漂移参数和变异参数减少负增长情况的发生，使过程整体上是增加的[86-90]。Gamma 过程由于其单调增长特性，在描述类似于裂缝生长、疲劳损伤等退化过程时更有优势。因为它始终是单调增加的，更符合退化发展的实际情况，因而也更加适合描述土木工程结构的退化过程。在上述两种常用的连续随机过程之外，还有学者提出了模拟加速退化的 GBM 过程（Geometric Brownian Motion Process）和几何过程等其他随机过程建模方法[91-94]，这些过程也难免会出现负值和负增长情况，其建模思路与使用 Brownian Motion with Drift 的方法大同小异。

从研究方法上看，土木、机械和工业生产领域维护相关的问题多数以 Gamma 过程为基础开展研究。此外，也有不少基于 Brownian Motion with Drift 过程的。本章主要介绍 Gamma 过程的数学特征、统计指标及相关参数估计方法。

3.3.2　Gamma 过程

Gamma 过程非常适合用来模拟时间上以一系列微小的增量逐渐单调增加的累积损伤，比如磨损、疲劳、锈蚀、开裂、风化、消散、徐变、鼓起和退化的健康指标等。Gamma 过程的特点是它严格单调递增，每一个增量都是非负、相互独立的，并且服从具有相同尺度参数的 Gamma 分布[87]。

假设随机变量 X 满足形状参数（shape parameter）为 $\alpha > 0$，尺度参数（scale parameter）为 $\beta > 0$ 的 Gamma 分布，其概率密度函数（probability density function，PDF）如下[87]：

$$Ga(x \mid \alpha, \beta) = \frac{x^{\alpha-1}\beta^{\alpha}}{\Gamma(\alpha)}\exp(-\beta x)I_{(0,\infty)}(x) \tag{3.33}$$

其中，$I_A(x)$ 为示性函数，当时 $x \in A$，$I_A(x)=1$；当时 $x \notin A$，$I_A(x)=0$。$\Gamma(\alpha) = \int_{z=0}^{\infty} z^{\alpha-1}e^{-z}\mathrm{d}z$ 是 $\alpha > 0$ 时的 Gamma 函数。

进一步的，假设 $X(t)$ 是系统在时刻 t 的退化指标，并且系统的退化过程服从一个形状参数为 α，尺度参数为 β 的 Gamma 过程，那么这个 Gamma 过程具有如下特征：

（1）$X(0)=0$，且概率为 1；

（2）$X(t)-X(s) \sim Ga(\alpha(t-s), \beta)$，$t > s \geqslant 0$；

（3）$X(t)$ 的增量互相独立。

根据它的概率密度函数，在时刻 t 这个 Gamma 过程的期望和方差如下：

$$f_{X(t)}(x) = Ga(x \mid \alpha t, \beta) \tag{3.34}$$

$$E(X(t)) = \alpha t / \beta \tag{3.35}$$

$$Var(X(t)) = \alpha t / \beta^2 \tag{3.36}$$

Gamma 过程 $X(t)$ 第一次超过阈值 $z(z>0)$ 时间的累积分布函数（cumulative distribution function，CDF）用 $F_{Ga}(\alpha, \beta)$ 来代表，可以根据 $X(t)$ 的概率密度函数推导得到，它的计算公式如下：

$$F_{Ga}(t,z) = P(X(t) \geqslant z) = \int_{x=z}^{\infty} f_{X(t)}(x)\mathrm{d}x = \frac{\Gamma(\alpha t, z\beta)}{\Gamma(\alpha t)} \tag{3.37}$$

其中，$\Gamma(\alpha, x) = \int_{z=x}^{\infty} z^{\alpha-1}e^{-z}\mathrm{d}z$ 是 $x \geqslant 0$ 和 $\alpha > 0$ 时的 Gamma 函数。通过 Gamma 过程模拟退化过程的优势是需要的数学计算非常简单、直接。

如果不对 Gamma 过程中的时间做特殊处理，上述 Gamma 过程每个相同时间步增量的统计指标是相等的，因此也叫作稳态 Gamma 过程。但是，隧道结构在服役寿命期内的服役性能退化并不是严格的稳态 Gamma 过程，可能会由于环境状况等因素随时间加速进行或者减速进行。Nicolai 等人（2007）提出了一种时间转换方法模拟非稳态 Gamma 退化过程[89]，即在稳态 Gamma 过程中将时间 t 转换为一个非递减的时间转换函数 $v=v(t)$，从而变为一个非稳态 Gamma 过程。时间转换函数可以有许多种形式，比如指数函数 $v=1-\exp(-\lambda \cdot t^\gamma)$ 和幂函数 $v=t^q$ 等。

考察幂函数形式的时间转换函数 $v=t^q$，一个形状参数时间转换函数为 $v=t^{0.5}$，尺度参数为 $\beta=0.2$ 的非稳态 Gamma 过程的仿真如图 3.6(a) 所示。同样作为比较，一个形状参数 $\alpha=0.5$，尺度参数为 $\beta=0.2$ 的稳态 Gamma 过程的仿真如图 3.6(b) 所示。从图中可以看出非稳态 Gamma 过程的增加速度是随着时间减小的，而稳态 Gamma 过程的增加速度基本保持稳定。

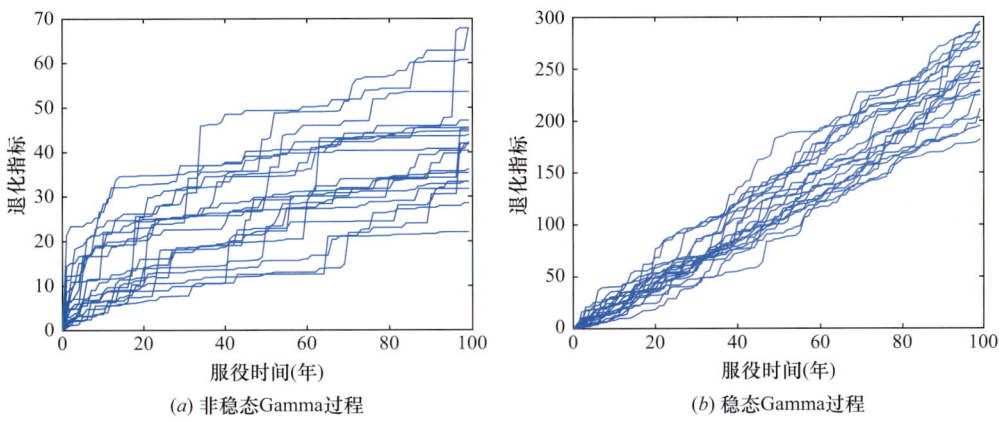

(a) 非稳态Gamma过程　　　　　　　　　(b) 稳态Gamma过程

图 3.6　非稳态和稳态 Gamma 过程

因此，与稳态 Gamma 过程相似，很容易得出非稳态 Gamma 过程 $X(t)$ 在时刻 t 到时刻 s 之间增量的概率分布：

$$X(t) - X(s) \sim Ga(v(t) - v(s), \beta), \quad t > s \geqslant 0 \qquad (3.38)$$

在时刻 t，$X(t)$ 的 PDF 为：

$$f_{X(t)}(x) = Ga(x \mid v(t), \beta) \qquad (3.39)$$

非稳态 Gamma 过程 $X(t)$ 第一次超过阈值 $z(z > 0)$ 时间的 CDF 为：

$$F_{Ga}(t, z) = P(X(t) \geqslant z) = \int_{x=z}^{\infty} f_{X(t)}(x)\mathrm{d}x = \frac{\Gamma(v(t), z\beta)}{\Gamma(v(t))} \qquad (3.40)$$

其中 $\Gamma(\alpha, x) = \int_{z=x}^{\infty} z^{\alpha-1} e^{-z}\mathrm{d}z$ 是 $x \geqslant 0$ 和 $\alpha > 0$ 时的 Gamma 函数，而 $\Gamma(\alpha) = \int_{z=0}^{\infty} z^{\alpha-1} e^{-z}\mathrm{d}z$ 是 $\alpha > 0$ 时的 Gamma 函数。

3.3.3　参数的极大似然估计

Gamma 过程对退化过程进行模拟的另一个优点是参数较少，可以根据观测到的退化指标通过参数估计方法得到，因此建模过程十分简单，并且适用范围广泛。本节对采用 Gamma 过程进行数据驱动的退化过程建模中模型参数估计方法进行介绍。

Gamma 过程的参数估计可以使用极大似然估计方法。考虑一个形状参数时间转换函数为 $v(t) = ct^b$，尺度参数为 β 的非稳态 Gamma 过程 $X(t)$。假设对结构在一系列 n 个检查时间 t_i 时刻进行观测（其中 $i = 1, \cdots, n$，并有 $0 = t_1 < t_2 < \cdots < t_n$），相应的退化指标累计值的观测数据为 x_i（其中 $i = 1, \cdots, n$，并有 $0 = x_1 < x_2 < \cdots < x_n$）。由于每个时间步上退化指标增量都服从 Gamma 分布，那么 Gamma 过程中的参数 c，b 和 β 可以通过最大化似然函数估计得到[87,89]。假设退化指标增量的

观测值为 $y_i = x_i - x_{i-1}$（$i = 1$, $\cdots$, n），并且每个观测值是相互独立的，那么建立的似然函数是一系列 Gamma 分布的连续乘积，如下所示：

$$\prod_{i=1}^{n} f_{X(t_i)-X(t_{i-1})}(y_i) = \prod_{i=1}^{n} Ga\left(y_i \mid ct_i^b - ct_{i-1}^b, \beta\right) \tag{3.41}$$

通过对公式（3.41）最大化，可以求出参数 c，b 和 β 的最优解，该最优解即是该非稳态 Gamma 过程参数的极大似然估计值。

根据上述极大似然估计值，可以使用该 Gamma 过程作为隧道结构服役性能退化模型，对隧道结构退化发展进行预测和分析。

3.4 应用计算示例

3.4.1 基于机理的退化模型

3.4.1.1 工程概况

所调查对象是上海地铁一号线黄陂南路站到人民广场站的上下行区间隧道，起始运营时间为 1995 年。本算例相关数据和信息来源于设计报告及已发表论文[62,63,78,79,97]。所调查隧道的设计资料如表 3.1 和 3.2 所示。根据相关设计规范，这条隧道采用修正均质圆环模型计算横断面变形时抗弯刚度等效系数建议值为 0.7[79]。

表 3.1 隧道结构和管片衬砌的几何尺寸

参数	数值	说明
R_o	3100mm	管片衬砌环的外径
th	350mm	管片衬砌的厚度
R_c	2925mm	管片衬砌环的计算半径

表 3.2 管片衬砌的材料性能参数

参数	数值	说明
EI	125055kN·m	管片衬砌的抗弯刚度
η	0.7	抗弯刚度等效系数
γ_c	26kN/m³	管片衬砌的单位自重

修正均质圆环模型上的主要荷载可以从表 3.3 和表 3.4 中的数据计算得到。这些数据来源于岩土地质勘察报告及与所调查隧道有关的研究[97]。需要说明的是，上海地区主要是软土地层，地基抗力系数的变化范围从 1000kN/m³ 到 9000kN/m³，在本算例中取建议值为 5000kN/m³。从岩土地质勘察报告及相关设计规范中得到土层侧压力系数建议值为 0.65[79]。

表 3.3　隧道上覆土层数据

土层名称	深度范围（m）	该土层饱和土的单位自重（kN/m³）
粉质黏土	0～3	18.7
淤泥质粉质黏土	4～7	18.0
淤泥质黏土	8～16	17.0
粉质黏土	17～25	18.3

表 3.4　土层信息概况

参数	数值	说明
H	10m	隧道埋深
H_w	9m	地下水位深度
k	5000kN/m³	地基抗力系数
λ	0.65	土层的侧压力系数
P_0	35kN/m²	上部超载

3.4.1.2　基本模型的计算结果

（1）荷载引起的变形

根据公式（3.2）～公式（3.8）结合 3.4.1.1 节中的数据可以得出作用在隧道结构上的荷载，计算结果如表 3.5 所示。

表 3.5　管片衬砌环上的荷载

荷载类型	$p_{e1}+p_{w1}$	p_g	$q_{e1}+q_{w1}$	$q_{e2}+q_{w2}$
数值	214.1kN/m²	28.6kN/m²	141.1kN/m²	205.7kN/m²

由表 3.5 中的计算结果和表 3.4 中的信息，所调查隧道的横断面变形可以通过公式（3.9）和公式（3.10）计算得出，从而得到荷载引起的横断面变形数值为 6.4mm。

$$\delta = \frac{2.925^4 \times (2 \times 214.1 + 28.6 - 141.1 - 205.7)}{24 \times (0.7 \times 125055 + 0.0454 \times 5000 \times 2.925^4)} = 3.2\text{mm} \quad (3.42)$$

$$\Delta = 2 \times \delta = 6.4\text{mm} \quad (3.43)$$

（2）现场测量的初始变形

上海地铁隧道横断面变形的现场测量一般采用两种方法，一种是通过收敛尺直接测量在管片衬砌环上两个固定点的距离，这两个固定点是预埋在管片衬砌中的，在隧道施工完成后两点连线为隧道的水平直径，通过收敛尺测量结果与设计直径比较可以直接得出横断面变形。另一种是采用全站仪对隧道的横断面轮廓进行环向扫描，通过将扫描后的点拟合为椭圆计算得出横断面变形。一般全站仪会沿着管片衬砌环中线均匀扫描，得到数十个点的局部三维坐标；然后，根据这些点的三维坐标拟合一个横断面平面上的椭圆，使用椭圆参数计算横断面变形的方法与 3.2.1 节中横断面变形的定义相同。上述两种方法都可以提供横断面变形的准确观测数据。

所调查隧道的横断面变形观测数据是在隧道建设完成 6 个月之后采集的，经分析这些数据近似服从正态分布，他们的统计指标（单位：mm）为：

$$\Delta_m \sim N(24.3, 5) \tag{3.44}$$

此时测量的横断面变形 Δ_m 既包含了荷载引起的变形 Δ，也包含了施工误差引起的初始变形 id，即 $\Delta_m = id + \Delta$。结合公式（3.43）的计算结果，施工误差引起的初始变形很容易计算得到，假设也服从正态分布，如下所示（单位：mm）：

$$id \sim N(17.9, 5) \tag{3.45}$$

3.4.1.3 概率退化模型的预测结果

（1）模型参数的输入假设

模型参数的输入概率分布参考设计文档、颁布的标准和已发表文献确定[62,63,69,72,77,78]。每种类型参数的不确定性不同，它们的不确定性程度已经在 3.2.3 节中进行了讨论，比如在锈蚀模型中，参数 c，t_0 和 α 都是经验性参数，所以它们的取值包含了大量的不确定性[65,66]。另外，在上海地铁区间隧道设计中，不同设计状况下混凝土配筋率 p' 的变化范围是从 0.2% 到 2.5%，所以可以计算出长期挠度系数 θ 的取值范围是 1.00～1.818。模型误差的标准差 σ 的假设如表 3.6 所示，它的分布可以通过后面的贝叶斯方法进行更新。

综上，公式（3.25）中的模型参数输入假设如表 3.6 所示。对于参数输入选择合适的分布类型是十分重要的，本算例对模型参数分布类型的假设参考了 JCSS 的 Probabilistic Model Code[80]。对于某些不能取负值的参数，比如材料强度和土层力学特性，采用的假设分布类型是对数正态分布（Log-normal distribution）。对于参数含有取值范围的则采用截断正态分布（Truncated normal distribution）。

表 3.6 模型参数的输入假设

参数	分布类型	均值	标准差	边界（下界，上界）	单位
id	Normal	17.9	5	—	mm
c	Log-normal	3e-5	1.8e-5	—	m/年
t_0	Log-normal	10	6	—	年
α	Truncated normal	1.5	0.9	（1，2）	—
η	Truncated normal	0.7	0.42	（0.5，0.9）	—
k	Log-normal	5000	3000	—	kN/m³
λ	Truncated normal	0.65	0.39	（0.4，0.9）	—
H	Truncated normal	10	1	（9.5，10.5）	m
H_w	Truncated normal	9	0.9	（8.5，9.5）	m

续表

参数	分布类型	均值	标准差	边界（下界，上界）	单位
γ	Log-normal	18	0.9	—	kN/m³
R_c	Truncated normal	2.925	0.001	（2.923，2.927）	m
th	Truncated normal	0.350	0.001	（0.348，0.352）	m
D_{rebar}	Truncated normal	0.018	0.0001	（0.0178，0.0182）	m
EI	Log-normal	125055	25000	—	kN·m
θ	Truncated normal	1.409	0.8454	（1，1.818）	—
P_0	Normal	35	7	—	kN/m²
σ	Log-normal	0.005	0.003	—	m
t	—	—	—	—	年

（2）模型的预测结果

概率退化模型可以给出所调查隧道的横断面变形在某一时刻的数值和随时间发展变化趋势，预测结果可以用来指导隧道结构的维护行为。本算例中，模型预测结果基于公式（3.24）、公式（3.25）以及表3.6中的假设，结果如图3.7所示。图3.7（a）预测了隧道结构在运营第9年时横断面变形的概率密度分布，图3.7（b）预测了隧道结构运营前30年期间横断面变形随时间变化的95％分位置信区间。

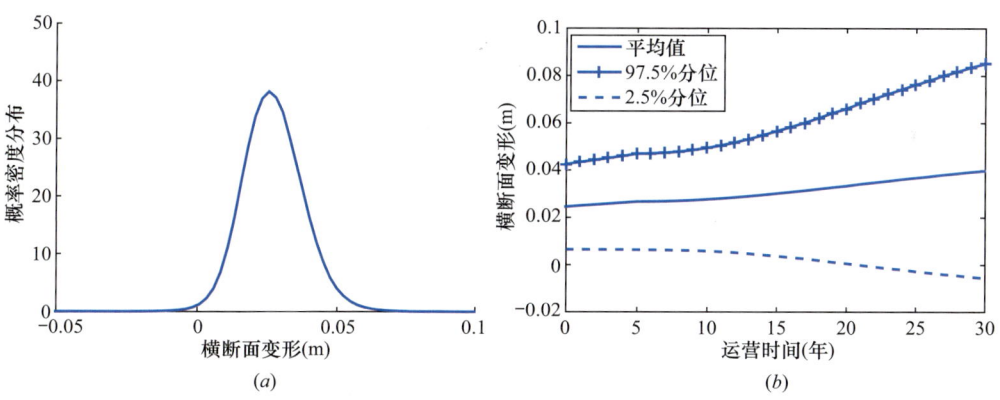

图 3.7　概率退化模型预测结果

运营第9年时横断面变形预测值的均值为27.3mm，标准差为10.9mm。除去施工误差引起的初始变形（17.9mm），即该概率退化模型预测隧道的横断面变形在运营9年之后增长均值为9.4mm，标准差为10.9mm。在隧道结构的服役寿命中，预测的横断面变形均值一直在随时间缓慢增长（图3.7b）。不过，预测的横断面变形置信区间也随着时间在增大，说明预测结果的不确定性也在增长。为了减小预测结果的不确定性，在下一步中需要实施模型参数的敏感性分析并对模型进行贝叶斯更新。

3.4.1.4 敏感性分析

（1）敏感性分析指标

敏感性分析是用来识别模型中重要参数并合理配置数据采集资源，进而简化模型并降低预测不确定性的常用方法。采用 3.2.5 节中的公式（3.28）、公式（3.29）和公式（3.30），可以计算得出概率退化模型参数的敏感性分析指标 L_i、S_i 和 S_{ti}，它们的结果如图 3.8 所示。

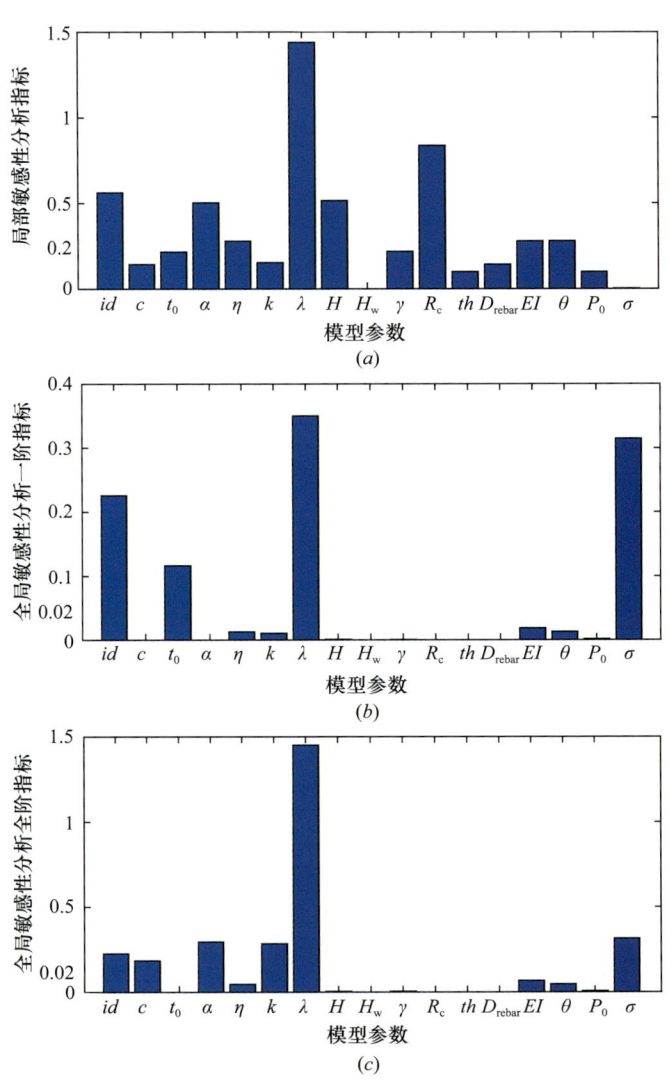

图 3.8　概率退化模型参数的敏感性分析结果

图 3.8（a）给出了概率退化模型参数的局部敏感性分析指标，图 3.8（b）和 3.8（c）分别给出了概率退化模型参数的全局敏感性分析一阶指标和全阶指标。通过分析各个参数的敏感性分析指标大小和特点，对计算结果讨论如下：

1）在局部敏感性分析和全局敏感性分析中排名较高的参数差别较大。这意味着为了能够反映不同参数对模型各方面的影响，同时进行局部敏感性分析和全局敏感性分析是有必要的。

2）在本模型中，全局敏感性分析一阶指标和全阶指标并不相同。对于全局敏感性分析全阶指标较高的参数来说，在模型中它们的变化对其他参数有较大影响。

3）在全局敏感性分析中，几何参数并不敏感（例如 R_c，th 和 D_{rebar}），因为它们输入分布假设的变异性很小。因此这些不敏感的参数可以作为常数项考虑，进而降低模型的复杂程度。模型中经验性参数或者变异性较大的参数比其他类型参数更加敏感，比如 id、t_0、α 和 λ。使用概率退化模型时应当重视这些敏感参数的输入假设。

4）退化模型中选择参数的概率分布类型也是比较重要的，因为参数的敏感性指标会受到参数输入假设的影响。

（2）敏感性分析后的简化模型

根据上述分析结果，概率退化模型中局部敏感性分析（LSA）指标大于 0.2 并且全局敏感性分析（GSA）指标大于 0.02 的参数被认为是重要参数，在简化的概率退化模型（以下称简化模型）中予以保留。其他不敏感的参数在模型中作为常数考虑，输入值采用它们概率分布假设的均值。敏感性分析后采用保留的重要参数建立简化模型，如公式（3.46）所示：

$$\Delta(t) = \begin{cases} f(X_i', t) + \varepsilon \\ X_i' = \{id, c, t_0, \alpha, \eta, k, \lambda, EI, \theta\} \end{cases} \tag{3.46}$$

（3）简化模型的预测结果

X_i' 采用与表 3.6 中模型参数同样的输入假设，简化模型可以采用相似的方法给出预测结果，如图 3.9 所示。图 3.9（a）预测了隧道结构在运营第 9 年时横断面变形的概率密度分布，图 3.9（b）预测了隧道结构运营前 30 年期间横断面变形随时间变化的 95% 分位置信区间。

简化模型预测结果和原模型预测结果十分接近。运营第 9 年时，简化模型给出的横断面变形预测均值也为 27.4mm，标准差为 10.8mm，在敏感性分析后减小了 0.1mm。此外，简化模型预测的横断面变形随时间变化的 95% 分位置信区间也和原退化模型的预测结果相似。

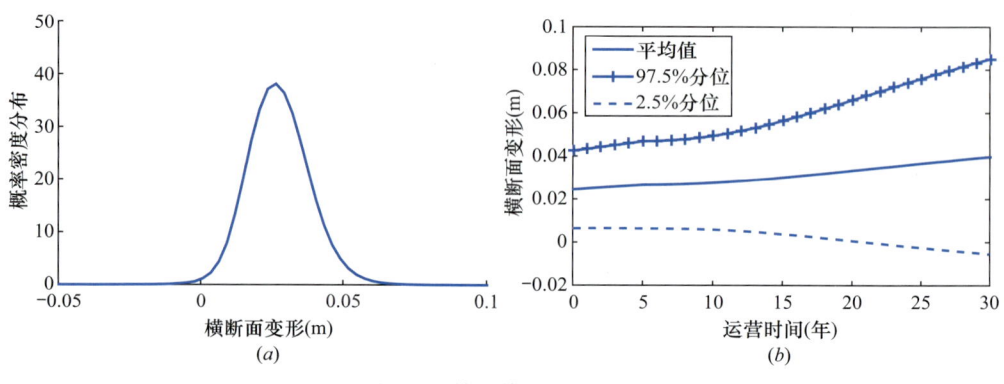

图 3.9　简化模型预测结果

3.4.1.5　贝叶斯更新结果

由于不准确的参数输入假设或者运营中不可预测的原因，模型预测结果与实际观测数据一般会有一定差别。贝叶斯更新方法被认为是一种能够有效改善模型预测的方法。本研究使用了上海地铁一号线所调查隧道的实际观测值对贝叶斯更新方法进行了应用[97]。

（1）观测数据的前处理

上海地铁一号线运营于 1995 年，横断面变形观测数据的采集于 2004 年进行，即地铁运营 9 年之后。测量得到的观测数据统计结果如图 3.10 所示。图 3.10（a）展示了上行线隧道 179 环管片的横断面变形，图 3.10（b）展示了下行线隧道 209 环管片的横断面变形。上行线隧道横断面变形的均值为 42.3mm，标准差为 16.3mm。下行线隧道横断面变形的均值为 60.0mm，标准差为 17.6mm。

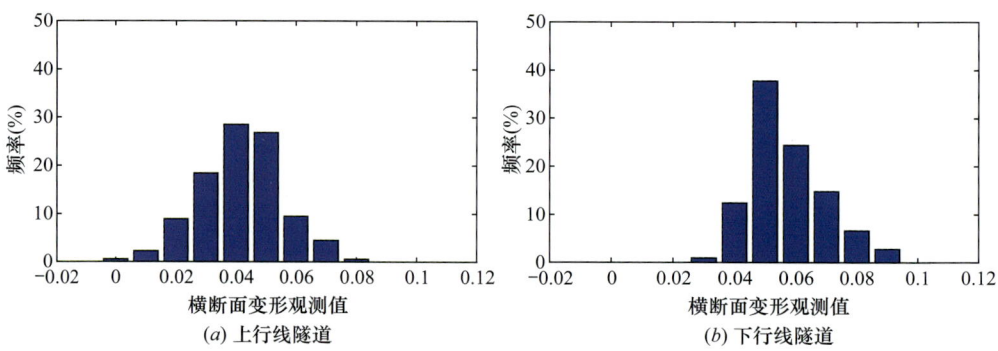

图 3.10　横断面变形观测数据的统计直方图

从图 3.10 可以明显看出，上行线隧道和下行线隧道的统计特征差异较大。为了确定两组观测数据的差异是否明显，采用方差分析（Analysis of Variance，ANOVA）分析上述两组数据，分析结果见表 3.7。ANOVA 可以分析两组及两组以上数据均值和方差的不同，能够提供各组数据在统计学上是否有明显差异，是一种常用的比较数据组之间差异明显程度的方法。

表 3.7　测量数据的 ANOVA 分析结果

Source	SS	df	MS	F	Prob>F
Columns	22097.3	2	16548.7	54.14	7.5e-22
Error	141213.2	462	305.7		
Total	174310.5	464			

表 3.7 中各指标的意义可以参考 MATLAB 的文档说明[85]。ANOVA 结果中指标 Prob>F=7.5e−22 说明两组数据之间的差异明显，不能被忽略，说明上下行隧道的横断面变形可能在发展趋势上并不相同。因此，我们在贝叶斯更新过程中分开使用这两组数据，对上下行隧道的概率退化模型分别进行更新。

（2）模型参数的贝叶斯更新

采用横断面变形观测数据，简化的概率退化模型（以下称模型）的参数可以通过公式（3.32）进行更新。输入参数的先验分布假设与表 3.6 相同，参数经过贝叶斯更新的后验分布如图 3.11 和图 3.12 所示。图 3.11（a）~图 3.11（i）给出的是采用上行线隧道横断面变形观测数据对模型参数进行贝叶斯更新的后验分布，其中图 3.11（i）是模型误差的标准差经过贝叶斯更新的后验分布。同样，图 3.12 给出的是采用下行线隧道横断面变形观测数据对模型参数进行贝叶斯更新的后验分布。

经过贝叶斯更新后模型参数的概率分布发生了改变，而且采用下行线隧道横断面变形观测数据进行更新的模型参数变化幅度较大，如表 3.8 所示。这是因为下行线隧道的横断面变形观测值比上行线隧道大，说明下行线隧道的横断面变形发展较快。需要指出的是初始变形 id 并未进行更新，因为它是初始变形的实际测量数据，在模型中保持不变。

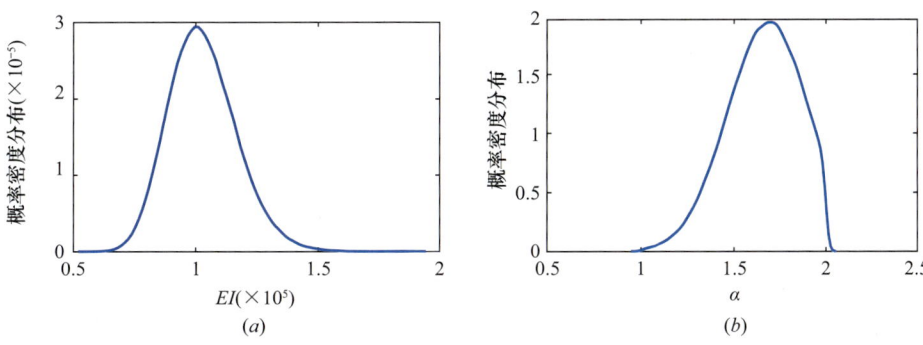

图 3.11　采用上行线隧道观测数据对模型参数进行贝叶斯更新的后验分布（一）

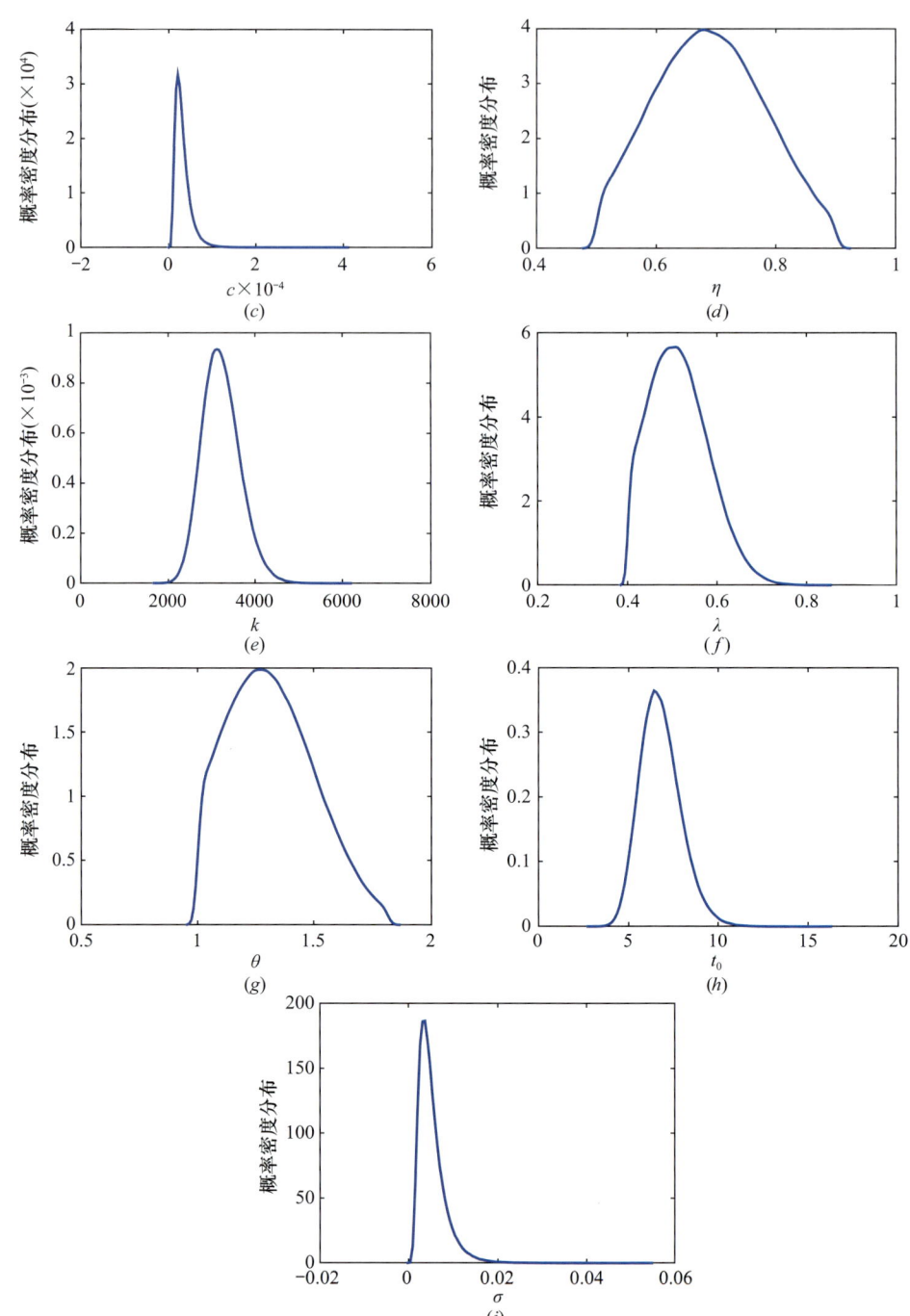

图 3.11　采用上行线隧道观测数据对模型参数进行贝叶斯更新的后验分布（二）

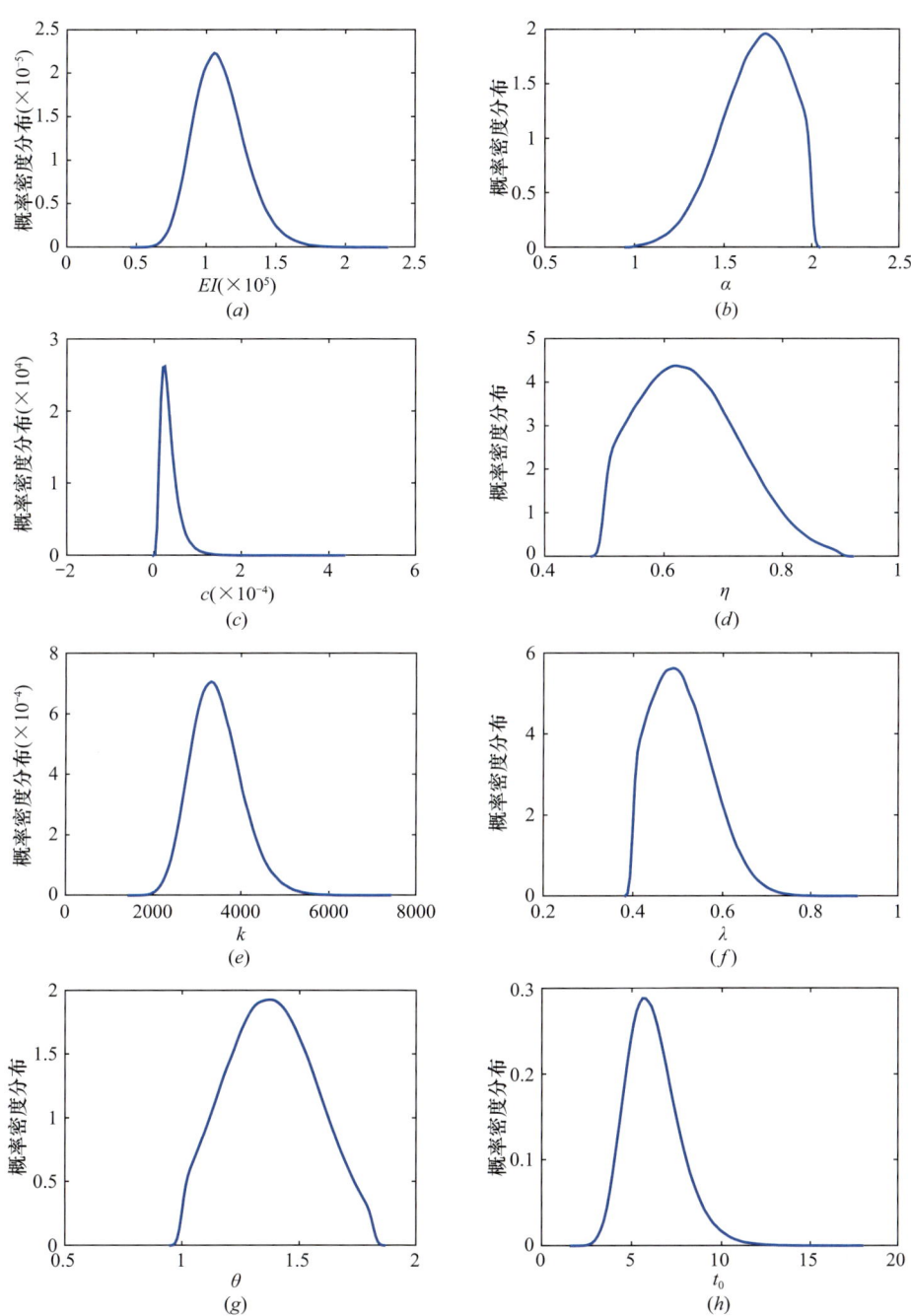

图 3.12　采用下行线隧道观测数据对模型参数进行贝叶斯更新的后验分布（一）

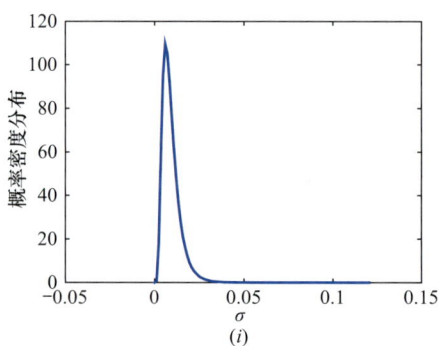

图 3.12　采用下行线隧道观测数据对模型参数进行贝叶斯更新的后验分布（二）

表 3.8　贝叶斯更新后模型参数后验分布的统计指标

参数	单位	概率分布类型	上行线隧道		下行线隧道	
			均值	标准差	均值	标准差
EI	kN·m	Log-normal	102800	13860	110100	18600
α	—	Truncated normal	1.687	0.2248	1.735	0.2348
c	m/年	Log-normal	3.09e-5	1.83e-5	3.66e-5	2.22e-5
η	—	Truncated normal	0.6834	0.1074	0.6237	0.1029
k	kN/m³	Log-normal	3222	434.3	3450	582.9
λ	—	Truncated normal	0.4993	0.07791	0.4872	0.08324
θ	—	Truncated normal	1.271	0.2295	1.372	0.2205
t_0	年	Log-normal	6.771	1.137	6.203	1.469
σ	m	Log-normal	0.00523	0.00302	0.00917	0.00503

（3）模型预测结果的更新

　　采用模型参数的后验分布对模型预测结果进行更新。横断面变形观测数据是在隧道运营 9 年时获取的，可以比较观测数据以及模型进行贝叶斯更新前后的预测结果，如图 3.13 所示。

　　图 3.13（a）和图 3.13（b）分别是采用上行线隧道观测数据和下行线隧道观测数据进行贝叶斯更新前后的模型预测结果。从图 3.13 可以看出贝叶斯更新后模型预测结果的后验分布与观测数据的分布更加接近。因此，考虑了观测数据带来的新信息，模型预测结果的准确性得到了提高。贝叶斯更新前后模型预测结果的统计指标如表 3.9 所示。

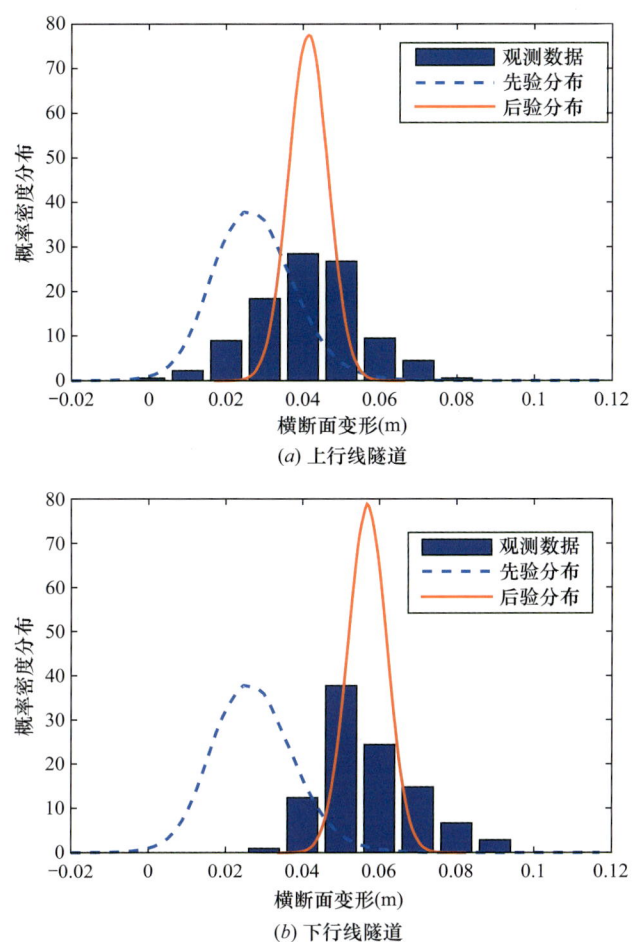

图 3.13　观测数据以及贝叶斯更新前后的模型预测结果

表 3.9　贝叶斯更新前后模型预测结果的对比

隧道	观测数据		先验分布		后验分布	
	均值（mm）	标准差（mm）	均值（mm）	标准差（mm）	均值（mm）	标准差（mm）
上行线隧道	42.3	16.3	27.3	10.8	41.4	5.1
下行线隧道	60	17.6			56.9	5.1

　　相应的，可以采用横断面变形的观测数据对隧道结构运营期间横断面变形随时间变化的置信区间进行更新。贝叶斯更新前后模型预测的横断面变形置信区间如图 3.14 所示，其中图 3.14（a）是采用上行线隧道观测数据进行贝叶斯更新的模型预测，图 3.14（b）是采用下行线隧道观测数据进行贝叶斯更新的模型预测。更新后的结果显示下行线隧道的退化速率要快于上行线隧道，这提示隧道结构运

营维护人员需要更加关注下行线隧道的横断面变形发展情况以防止失效或破坏发生。

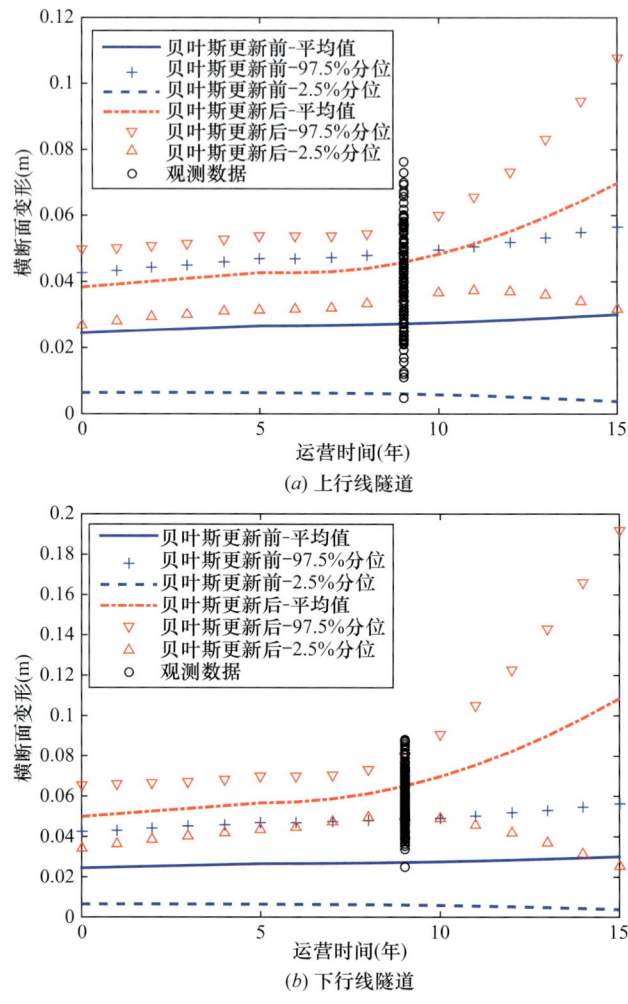

图 3.14　贝叶斯更新前后模型预测的置信区间

　　另外，从图 3.14 可以看出观测数据大多数都落在贝叶斯更新后模型预测的后验分布中，所以通过贝叶斯更新方法考虑后续观测数据得到的信息能够同时改进参数输入假设和模型预测结果。尤其是隧道和地下工程中还存在大量未知信息，随着得到更多的观测数据，更新后的模型能够越来越接近隧道结构横断面变形发展的实际情况。

3.4.2　数据驱动的退化模型

3.4.2.1　工程概况

本研究的应用对象为上海地铁某号线的区间隧道。该地铁隧道结构的施工方法为盾构法，管片衬砌环的外直径为 6.2m，内直径为 5.5m。该区间隧道处于软土地区，埋深土层多为软弱的粉质黏土和淤泥质黏土。随着隧道运营时间的增加，隧道结构的服役性能发生退化，隧道结构内已经观测到了比较严重的横断面变形发展情况。

横断面变形是评估隧道结构安全性最重要的一个指标，在隧道结构服役状态评估中它一般作为决定性指标[95]。同济大学主持了一系列足尺模型试验对地铁盾构隧道的极限承载力进行了研究，发现横断面变形数值基本上可以反映隧道结构承受荷载接近承载力极限的程度[96]。因此，在本应用算例中，为了简化评估结果的表现形式，直接使用横断面变形作为地铁隧道结构服役性能的退化指标。

3.4.2.2　退化过程模拟及参数估计

如果地铁隧道结构没有实施维修措施，其服役性能将随着时间逐渐退化，而退化指标也随着时间逐渐增大，并且可以认为退化指标增大的过程是单调的。经观察，在无维修措施的情况下，地铁隧道结构的横断面变形实际上是随着时间不断增大的。因此，可以根据横断面变形监测数据，采用 Gamma 过程建立地铁隧道结构服役性能退化模型，对横断面变形的发展变化进行预测。

监测结果显示，在结构服役早期横断面变形的增量比较大，不过随着服役时间增加横断面变形趋于一个稳定值[98]。因此，使用幂函数时间转换的非稳态 Gamma 过程比较适合模拟隧道结构服役性能退化的这种特征。它的参数可以根据监测数据使用极大似然估计得到。表 3.10 显示了隧道结构不同时间阶段横断面变形增量的统计值。这些数据来自于 823 个管片衬砌环的检查结果。其中，t_0 是隧道运营开始的时间，t_1，t_2 是运营后两个不同的监测时间。

表 3.10　监测数据的统计指标

时间间隔（年）	$t_1-t_0=1.82$	$t_2-t_1=7$
均值（mm）	9.1593	25.6533
标准差（mm）	3.5078	13.0449

假设非稳态 Gamma 过程形状参数的时间转换函数为 $c \cdot t^q$，尺度参数为 β。该非稳态 Gamma 过程需要估计的参数为 c，q 和 β。采用公式（3.41）和监测数据，计算得到的参数估计值如表 3.11 所示。图 3.15 展示了该非稳态 Gamma 过程的仿真模拟。很明显，监测数据大部分都落在了退化过程的仿真模拟范围内，说明退化模型是可信的和合理的。

表 3.11　参数的极大似然估计结果

参数	c	q	β
估计值	1.3211	0.5063	0.1578

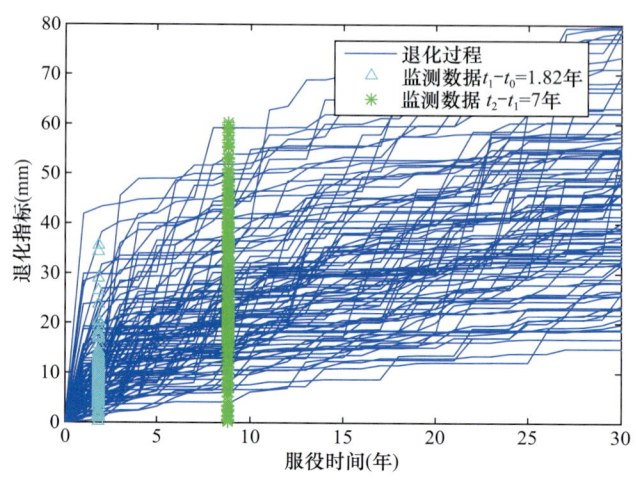

图 3.15　监测数据及退化过程的仿真模拟

3.5　小结

本章研究了隧道结构服役性能退化模型，主要内容总结如下：

（1）分析了隧道结构服役性能发生退化的原因，主要包括两方面：一是材料随时间退化导致抗力下降，二是荷载波动和变异性。

（2）提出采用病害指标中具有代表性的横断面变形作为退化指标，以此指标作为评价隧道结构服役性能的标准建立退化模型。

（3）研究了基于机理的退化过程建模方法：基于修正均质圆环模型，考虑影响结构服役性能的时变因素和参数的不确定性，假设模型输入参数的概率分布，建立了一个概率退化模型，并提出了模型参数的敏感性分析和贝叶斯更新方法以帮助简化和改进概率退化模型。

（4）总结了数据驱动的退化过程建模方法，指出 Gamma 过程非常适合对隧道及其他土木工程结构的退化过程进行模拟，并研究了稳态 Gamma 过程和非稳态 Gamma 过程的统计特性，以及模型参数的极大似然估计方法。

（5）结合隧道结构的监测数据，给出了一个基于非稳态 Gamma 过程的退化模型计算示例。

第4章 状态导向检查计划制定

4.1 检查计划现状和问题

4.1.1 检查计划研究现状

由于国外隧道建成时间较早，在 20 世纪中叶发达国家已有相当数量的隧道发生了退化，因而国外的隧道运营和管理部门对隧道检查计划和实施相关方面的研究较早。这些国家的规范、标准中关于检查计划的条文规定已在第 1 章绪论中做了简单概述。总体上看这些标准规范并未提出具体的检查计划制定方法，只给出经验性建议值，采用的方法简单、缺乏理论依据。

国内外学者针对大型结构和设施系统的检查计划制定进行了一些研究，提出了基于更新理论的公式推导方法或者数值试验方法优化制定检查计划。Grall 等人（2002）针对随机退化系统提出了一种非周期性检查计划方法，并在无限时间上以最小化维护费率为目标进行优化[21]。Nakagawa 和 Mizutani（2009）总结了在有限时间范围上采用定期和顺序检查模型的维护策略[99]。作者将三种常用的无限时间范围上的维护模型转换成有限时间范围上的维护模型，并在有限时间范围内进一步考虑了定期和顺序检查模型结合不完全维修的策略，通过解析推导的方式得出每种策略的最优化结果，并进行了数值计算验证。Nakagawa 等人（2010）还对周期性和随机性检查方法进行了总结[100]。该研究比较了两种检查方法的期望成本，两种检查方法的最优化结果都可以通过解析推导得到。Van 和 Bérenguer（2012）采用基于状态的维护方法对一个使用周期性检查计划和预防性不完全维修的退化生产系统进行了研究[101]。该研究从维护成本和生产率两个方面评估提出的维护策略。Barker 和 Newby（2009）研究了多变量退化系统的非周期性检查的最优化问题[86]。检查计划时间由一个包含系统退化状态的确定性函数决定，以期望寿命期内的维护成本目标函数对非周期性检查计划进行了优化，并比较了不同检查计划函数的优化结果。

综观上述研究内容，结构和设施系统的维护研究中已有一部分开始重视检查计划制定方面的研究，而且研究发现检查计划制定的合理性能够影响最终的维护费用及结构安全性。但是，隧道结构的维护以及专门针对隧道结构检查计划制定和参数优化方面的研究还非常少，是目前亟待探索的研究内容。

4.1.2　存在问题和研究内容

目前国内外隧道结构检查计划方面的研究大多数还只是对检查实施过程、检查指标体系和检查评估方法等方面进行条文规定。检查计划制定未能和检查评估得到的结构服役状态建立有效联系，多数是基于经验性的数据或分析，因而所制定的检查计划安排不够灵活，也无法进行优化，所以其合理性、经济性，甚至后续评估和维修工作的有效性都会受到质疑。总结下来，现有研究存在的问题包括以下几个方面：

（1）对检查计划安排工作不够重视，检查计划制定方面研究不足。实际上，通过合理的检查计划安排，不仅可以在正确的时机实施合适的维护行为，降低隧道结构发生破坏的可能性，而且能够通过优化算法尽可能减少检查和维修的次数，达到降低服役寿命期维护成本的目的。

（2）检查时间间隔的确定缺乏理论基础，缺少与当前结构状态信息的联系。检查时间间隔是检查计划制定的重要参数。虽然规范和技术手册中已经给出了部分检查类型的检查时间间隔，也能够满足隧道结构安全保障方面的要求，但是这些数值多数基于经验数据的分析，没有理论根据。而且，检查时间间隔确定应当与结构服役状态发展趋势结合起来，根据结构服役性能变化动态调整检查时间间隔。

（3）隧道结构服役状态数据和信息严重缺乏。虽然国内外相关隧道管理部门已经开发了不少隧道结构信息管理系统，但是实际上在隧道建设初期并未重视检查和维修问题，因而隧道结构初始状态信息及运营早期数据十分匮乏。即使在现阶段，也十分缺少完整的隧道结构检查评估历史数据，这给隧道结构退化过程模拟带来很大问题，也给状态导向检查计划制定带来了困难。

针对以上问题，为了采用动态的检查计划对隧道结构维护行为进行合理规划安排，以达到提高隧道结构安全性，降低服役寿命期内维护成本的目的，本章的主要研究内容如下：

（1）检查计划函数的数学形式及影响因素。研究状态导向检查计划函数以及可以采用的数学形式，在检查计划函数中考虑隧道结构服役状态，当前服役时间以及各种其他因素的影响。

（2）检查计划实施过程及相关技术手段。研究根据检查计划函数的决策结果实施检查行为和其他相关维护行为的流程及反馈过程，以及在实际操作中可以采用的检查技术手段以高效率的获取隧道结构服役状态。

4.2　检查计划制定的数学模型

状态导向检查计划制定的数学模型主要研究两方面内容，一是检查时间间隔的决定函数，二是检查成本计算。从状态导向角度出发，上述两部分研究内容均和隧道结构服役状态及发展趋势有关。

4.2.1　隧道结构服役性能退化趋势特征分类

任意一个结构或者设施系统的服役性能退化速度在其服役寿命期内是不断变化的，隧道结构也不例外。在隧道结构服役寿命期的不同阶段，由于退化速度不同，应当采取不同的检查时间间隔。而且由于退化速度变化趋势，即退化趋势特征，也有不同的形式，因此检查计划制定也应当考虑该因素的影响。

系统的典型退化趋势特征一般可以分为以下三类：

（1）平稳退化。退化程度在时间上是持续线性增加的，因此该系统的退化速率可以看作是一个常数。

（2）加速退化。退化程度在时间上是非线性增加的，而且越到服役寿命的后期，退化速度越快。这种情况下可以将退化速度看作一个随时间变化的单调递增函数。

（3）减速退化。退化程度在时间上也是一直增加的，但是增加的速度越来越慢。这种情况下可以将退化速度看作一个随时间变化的非负单调递减函数。

实际上，结构或者设施系统的真实退化过程比上述三种退化趋势特征的描述更加复杂，在服役寿命期的不同阶段可能有不同趋势特征。本章从最典型的上述三种退化趋势特征出发，提出和比较了不同的检查计划函数形式。

以隧道结构横断面变形 $\Delta(t)$ 作为退化指标，假设根据变形量大小将结构退化严重程度分为三种状态等级，如图 4.1 所示。不同状态等级代表隧道结构因横断面变形导致破坏发生的不同风险程度。在图 4.1 中，S1，S2 和 S3 分别代表轻度退化，中度退化和严重退化状态，他们的退化严重程度为 S3＞S2＞S1。图 4.1（a）中所示的退化过程是平稳退化，退化速率为常数。对于非线性的加速退化和减速退化，他们的退化过程分别如图 4.1（c）和 4.1（e）所示。相应的，也有三种类型状态导向检查计划函数来确定下次检查时间间隔。图 4.1（b）给出了一种线性检查计划函数，使用线性检查计划函数时随着退化严重程度的增加下次检查时间间隔是线性减少的。检查计划函数还可以采用凸函数（幂指数函数或多项式函数）形式，如图 4.1（d）所示。在该检查计划函数形式下，隧道结构在早期退化状态下检查时间间隔可以较长，而且退化早期不同状态确定的下次检查时间间隔差别不大。下次检查时间间隔的确定还可以采用凹函数形式（双曲线函数或多项式函数），如图 4.1（f）所示。使用凹函数形式检查计划函数时，在退化后期不同状态确定的下次检查时间间隔差别不大。

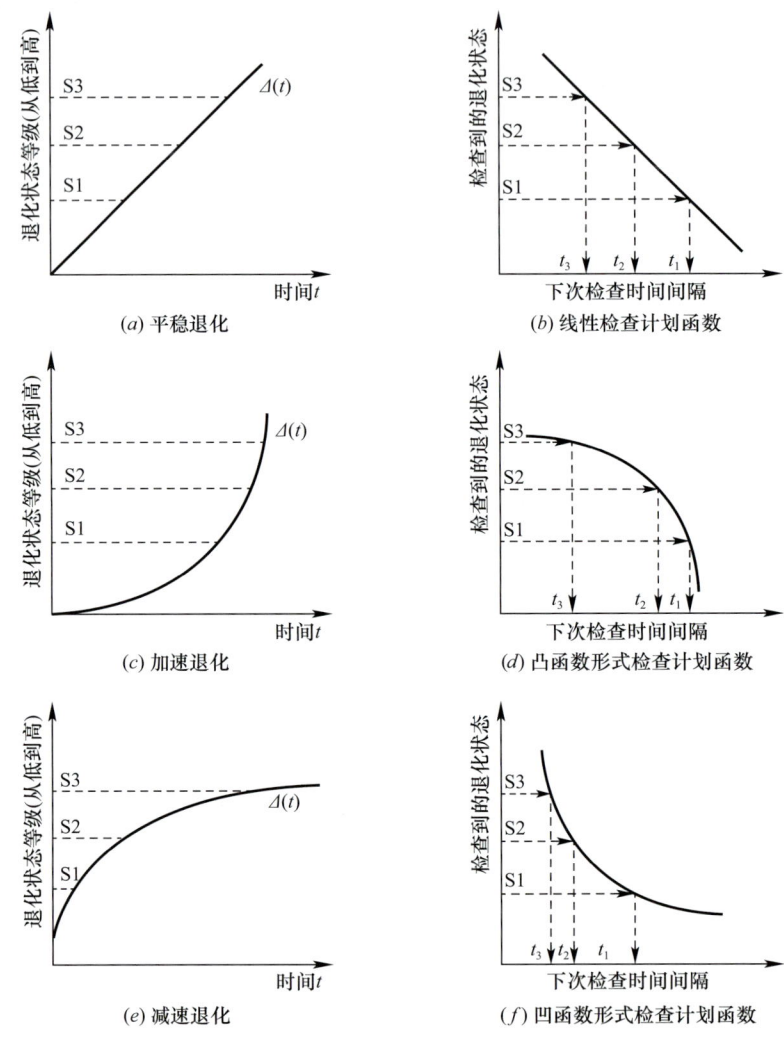

图 4.1　不同的退化趋势特征和检查计划函数

　　图 4.1 展示了一种理想化的检查计划制定方法，实际情况可能会碰到更加复杂的退化过程和检查计划方式。为了获得可操作的实用检查计划，需要对检查计划函数的数学形式进行假设，设定检查计划函数的参数，并比较不同检查计划函数的效果，进而在维护过程中对检查计划制定进行优化，从而减少不必要的检查

次数，降低检查成本。

4.2.2　检查计划函数的数学形式

检查计划函数是制定检查计划的核心，尤其是在非周期性检查策略中。在状态导向检查计划制定中，它的主要功能是结合隧道结构当前退化状态、服役时间及发展趋势对下次检查时间进行规划，函数输出结果是从当前时间起到下次检查的时间间隔。

检查时间间隔确定方法可以分为周期性检查（Periodic inspection）和非周期性检查（Aperiodic inspection）两种。现行规范和技术手册中所述的定期检查或常规检查一般都是执行周期性检查，本研究提出的状态导向检查计划采用非周期性检查方式。非周期性检查一般又可以称为 Adaptive inspection 或者 Sequential inspection。其中比较简单的模型是 Grall 等人（2002）提出的基于当前系统状态的递减函数，使用该递减函数可以计算出下次检查时间间隔[21,22,29]；Barker 和 Newby（2009）在上述研究基础上又比较了三种不同形式的递减函数对维护优化结果的影响[86]；另外，Nakagawa 等人（2010）在一些特殊退化函数形式下，给出了最优化（非周期性）检查时间序列的解析表达式[100]。

本研究中采用递减的检查计划函数对后续检查时间间隔进行计算，其模型假设、推导过程和使用方法介绍如下。

假设系统的检查时间为 $\{T_1, T_2, \cdots\}$，检查时间 T_{i-1} 和 T_i 之间的时间间隔为 τ_i，$i \in N$。τ_i 由一个单调递减的检查计划函数 $m(\cdot)$ 确定，而且检查时间序列 $(T_i)_{i \in N}$ 的数值是单调递增的，并且满足如下条件：

$$T_0 = 0 \tag{4.1}$$

$$T_i = \sum_{k=1}^{i} \tau_k \tag{4.2}$$

$$\tau_i = T_i - T_{i-1} \tag{4.3}$$

在检查时间 T_i，相应的结构服役状态为 X_{T_i}。由于检查计划函数 $m(\cdot)$ 是结构服役状态 X_{T_i} 的单调递减函数，它的计算结果决定下次检查时间间隔 τ_{i+1}，则有：

$$\tau_{i+1} = m(X_{T_i}) \tag{4.4}$$

$$T_{i+1} = T_i + m(X_{T_i}) \tag{4.5}$$

通过调整检查计划函数 $m(\cdot)$ 的参数可以对维护成本期望值进行优化。如果检查计划函数包含两个参数，则检查计划函数可以写为 $m(x \mid a, b)$，维护成本期望值记为 $C(a, b)$。含有两个参数的检查计划函数可以有多种数学形式[86]，比如：

$$m_1(x) = \begin{cases} a - \dfrac{a-1}{b}x, & 0 \leqslant x \leqslant b \\ 1, & x > b \end{cases} \tag{4.6}$$

$$m_2(x) = \begin{cases} \dfrac{(x-b)^2}{b^2}(a-1)+1, & 0 \leqslant x \leqslant b \\ 1, & x > b \end{cases} \tag{4.7}$$

$$m_3(x) = \begin{cases} -\left(\dfrac{\sqrt{a-1}}{b}x\right)^2 + a, & 0 \leqslant x \leqslant b \\ 1, & x > b \end{cases} \tag{4.8}$$

上述公式（4.6）～式（4.8）都要满足 $a \geqslant 1$。如果 $a=1$，上述检查计划就变成了周期性检查方式，检查时间间隔为 $\tau = a = 1$。

给定参数 a 和 b 的数值，可以画出三种检查计划函数的图像，如图 4.2 所示。观察三种检查计划函数的图像，可以看出 $m_1(x)$，$m_2(x)$ 和 $m_3(x)$ 具有不同的凹凸性，这也对应了 4.2.1 节中介绍的不同检查计划函数形式。

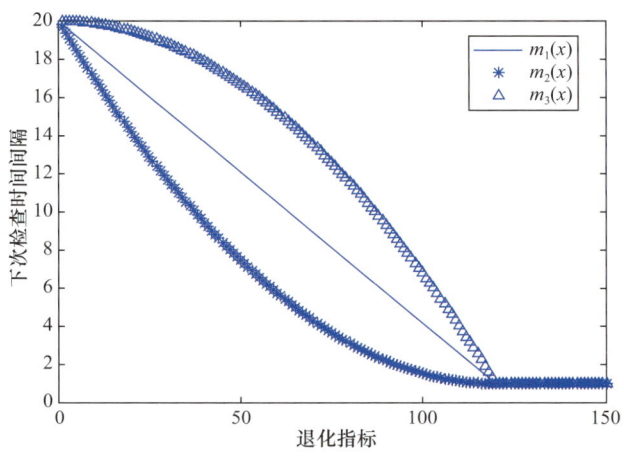

图 4.2 三种检查计划函数

上述递减的检查计划函数还可以更加简化为一种离散的集合映射关系。假设将结构的服役状态范围 $[0，S]$ 离散化为 n 个等级区间，等级区间之间的临界值为 $[L_1，L_2，\cdots，L_{n-1}]$，当结构服役性能指标在 $[L_{i-1}，L_i]$ 区间时，退化等级为 S_i。检查时间间隔与退化等级 S_i 逆序对应，即检查发现结构处于退化等级 S_i 时，下次检测时间间隔为 $(n+1-i) \cdot \Delta T$，ΔT 为某一确定的时间长度。该简化方法不仅适用于平稳退化，还可以应用于加速退化和减速退化的情况，只需在服役状态等级区间临界值的划分方法上进行处理，可以仿照公式（4.7）和公式（4.8）

采用非线性映射方法对退化等级临界值 L_i 取值。

4.2.3　检查成本计算

检查成本计算比较简单，结合每次检查付出的经济成本，通过统计结构服役寿命期内的检查次数即可计算得出。假设每次检查产生固定的检查成本 C_{ins}，整个服役寿命期内共进行了 n 次检查，检查总成本 C_I 计算公式如下：

$$C_I = n \times C_{ins} \tag{4.9}$$

此外，检查成本计算还可能会受到贴现率等经济因素的影响。van der Weide 等人（2010）对考虑贴现率的维护成本模型进行了研究[102]。该研究对基于状态的预防性维护和基于寿命的预防性维护中考虑贴现率的维护成本计算提供了推导过程，与基于渐近线方法和不考虑贴现率的成本计算方法相比，所提出的贴现率成本模型在维护优化中更加接近实际情况，在算例条件下研究发现考虑贴现率和不考虑贴现率的影响不大；贴现率的影响取决于病害出现的频率和费用大小；如果病害出现频率较高，维修费用不高，则考虑贴现率的意义不大；如果病害出现频率低，每次维修费用巨大，则必须考虑贴现率的影响；在每次维修费用较大且病害出现频率较低的情况下推迟实施预防性维修措施实际上减少了维护费用的净现值投入。由于对实际情况调查难度较高和数据缺乏，本研究暂不考虑贴现率的影响。

4.3　检查计划实施过程和技术手段

隧道结构检查计划制定还包含对检查计划组织和实施和相应的技术手段等方面的内容。状态导向检查计划主要提出了一种基于检查评估结果反馈模式的检查计划实施流程，并推荐采用先进的自动化检测技术手段实施检查工作，以提高病害发现的及时性和准确性。

4.3.1　检查计划的组织实施

美国国家隧道检查规范（NTIS）规定的检查组织和实施流程如下：理解 NTIS 的规范要求，回顾既有隧道的历史检查记录，与隧道设施管理人员沟通协调，制定保护人员健康和安全的方案，获取保障安全和有关检查的设备，熟悉隧道的常见病害，理解运营管理者的检查需求，设计表格和报告形式，实施检查[1]。该规范还规定当检查时机和条件合适的情况下对隧道结构的荷载情况也要进行评估。

国内的隧道检查实践也类似，首先是根据检查目的制定检查科目和指标，然后与隧道运营管理机构联系确定检查时间，实施检查时需要对交通进行管制或者专门在夜间进行（地铁隧道），然后在隧道中实施各个科目的检查，检查结果记录在专用设计表格上，并对病害进行拍照记录，检查过程中如果发现严重病害应立即报告给隧道维护管理部门，最后将检查记录结果带回办公室进行统计整理和分析。

　　本研究提出的状态导向检查计划组织和实施过程如图4.3所示。检查计划组织实施过程还需要跟退化模型建模、模型更新以及维修决策等维护行为交叉进行。

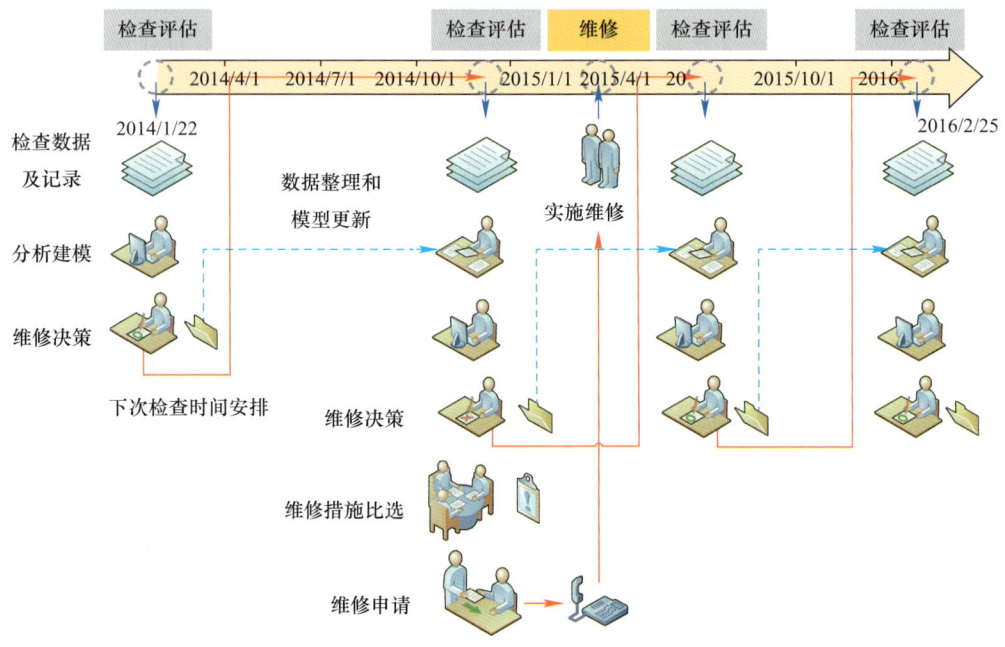

图4.3　状态导向检查计划组织实施过程

　　如图4.3所示，首先采用全面的检查方案对隧道初始状态数据和历次检查的服役状态数据进行记录，在此基础上建立隧道结构服役性能退化模型。在每次实施检查行为并将结果记录存档后立刻对隧道结构服役状态进行分析和评估，根据评估的结果确定是否需要实施维修行为，并根据检查计划函数对下次检查时间进行安排。如果需要实施维修行为，则还需要根据维修措施效果和成本进行优化比较，选择最优的维修措施。维修措施实施完成后，在隧道结构服役性能发展过程中对该维修行为做记录。另外，每一次检查和分析的结果还要对退化模型进行更新，以保证模型后期预测结果更加准确。总之，状态导向检查计划的组织实施就是将检查得到的服役状态反馈到退化模型、检查计划制定和维修行为安排中，从而在维护时间轴上科学合理地安排维护行为。

4.3.2　检查指标和技术手段

一般来说隧道结构准确的服役状态只能通过检查获知。根据检查结果准确和全面程度不同，检查类型被分为完全检查（Perfect inspection）和不完全检查（Imperfect inspection）[44,103,104]。完全检查是指检查结果能够准确反映隧道结构当前服役状态，不完全检查是指检查存在一定误差，检查结果和结构当前真实服役状态存在一定差异。状态导向检查计划制定采用的检查是为了获知结构服役性能而进行的检查（规范中称为定期检查或常规检查），应当是完全检查，因此这里我们暂时不考虑不完全检查的情况，即假设每次检查均是完全检查。

完全检查需要结合评估指南的要求，制定完备的检查指标体系，在检查中采集隧道结构病害和环境情况的详细信息，比如隧道的横断面尺寸，破损大小和位置分布，渗漏水面积，大气和水的状况，温度，湿度和风速等。无损检测评估（Non-Destructive Evaluation）技术也可以用来检查材料的渗透性和强度特性。现场采样和实验室测试常用来检查导致隧道结构材料性能发生持续锈蚀的化学成分。检查中可以采用观察、测量、探测、采样测试和试验分析等多种手段获取尽量多的数据信息。这些数据是用来评价隧道结构荷载，环境状况和材料性能变异的基础资料。

盾构隧道结构中部分典型病害一般是视觉可见的，如图 4.4 所示。需要指出的是这些只是能通过目测调查得到的一部分病害，有些无法通过目测观测得到的病害比如横断面变形和不均匀沉降应当通过专业设备依据相关测量规范的要求进行采集。

不同病害需要收集和测量指标各不相同。如图 4.4 所示，很明显对于渗漏水来说，发生的位置和面积大小是必要的采集信息；对于混凝土裂缝，裂缝宽度、裂缝长度和位置是必须得到的信息；结构整体变形需要通过横断面变形测量进行评估；而结构破损检查也是需要知道破损面积的大小和位置。这些指标可以评估分析相应病害的严重程度。

病害的检查技术手段推荐采用无损检测和可走动式的自动化检查设备。无损检测的好处是不对隧道结构产生损伤和破坏。现阶段大量的隧道检查主要由经过训练的隧道检查专业人员执行，整个过程效率不高，并且隧道人员有时不得不面对非常恶劣甚至危险的状况，比如充斥粉尘，照明不足或者有毒化学物质泄漏的环境。Montero 等人（2015）调研并展望了过去、现在和未来隧道中采用的机器人化的检查技术手段，指出机器人技术可以克服上述许多缺点，并提供高质量的检查结果[105]。作者还指出了隧道检查中的关键问题，调研了目前已经开发的机器人化隧道检查系统，并介绍了两个有关项目以及未来的发展趋势。早在 20 世

(a) 缺角　　　　　　　　　　　　　　　(b) 接缝渗漏水

(c) 滴漏　　　　　　　　　　　　　　　(d) 螺栓锈蚀

(e) 管片裂缝　　　　　　　　　　　　　(f) 错台

图 4.4　隧道衬砌的典型结构病害

纪 90 年代初，Haack 等人（1995）即已调研了隧道衬砌状态无损检测方法的技术现状[106]。该报告根据 ITA 隧道维护和修复小组提供的信息介绍了 8 个国家的隧道检查方式及采用的无损检测方法，给出了无损检测方法的要求，简要描述并比较了不同方法的应用场合，包括机械振动技术、放射性技术、电子电气化技术和光学技术，并对在快速检查中已经应用的地质雷达、红外和多光谱分析方法做了详细的分析和考察。最后，作者还对德国地下交通设施研究协会（STUVA）有关隧道衬砌快速检查方面的测试结果进行了讨论。在国外（尤其是欧洲）隧道结构不断老化，隧道的检查和维修越来越重要的背景下，Richard（1998）调研了国际上隧道检查和维修的实践情况，介绍了一些先进国家的典型应用案例，以及发展中国家可以从中借鉴的设计、建设和运营维护知识[107]。

近年来在隧道病害检查中兴起了自动化、数字化和快速化检查装置研发热潮，采用的技术方案多为基于闭路电视系统（CCTV）或 CCD 相机的视觉检查技术和激光三维扫描（LiDAR）技术。闭路电视系统（CCTV）或 CCD 相机采集隧道表观病害的图像（比如渗漏水，裂缝和破损），然后使用图像识别技术对病害信息进行计算和记录[108]。激光三维扫描技术能够扫描生成隧道内表面灰度图像，并记录每一个扫描点的距离，从而生成隧道内表面的三维点云图像[109-115]。与传统的人工检查方法相比，自动化和数字化设备能够明显提高检查效率。但是，大多数自动化和数字化设备都是针对单独某种病害进行研发设计，不同设备间测量原理以及操作过程完全不同，让这些设备分别进行数据采集分析实际上非常耗时。如果将不同检查设备和装置集成在一起，则能够大大缩短隧道检查时间，因而是隧道检查设备未来发展的趋势。

最近，同济大学隧道及地下工程研究所研发了一种集成图像处理和摄影测量方法并行采集分析隧道表观病害（渗漏水，混凝土脱落和裂缝）和横断面变形的自动化设备[116,117]。图 4.5 展示了该设备在实验室中组装后的情况（图 4.5a）以及在实际隧道中应用的场景（图 4.5b）。该设备已经在多条上海地铁隧道中进行了数据采集，计算处理结果和人工检查结果进行了互相校验，比较分析结果表明该设备已经具有市场推广应用的价值。

(a) 在实验室中组装完成后的样机　　　　　(b) 样机在实际隧道中应用的情况

图 4.5　隧道结构病害集成化检查设备

综上，采用自动化和集成化病害检查设备对隧道结构病害指标进行采集和分析评估能够有效提升检查的效率，减少隧道破坏发生的可能性，降低实施检查行为的成本，是未来隧道结构病害检查技术手段的主流发展趋势。检查技术手段的自动化和多样化有利于降低检查成本，提高状态导向检查计划实施效率。

4.4　小结

本章对隧道结构状态导向检查计划制定的若干问题进行了研究，主要结论如下：

（1）调研总结了国内外隧道结构检查计划制定方面的规范、技术规程、手册，以及维护理论研究中检查计划制定的相关内容；指出目前采用的检查计划制定方法未能和检查评估得到的结构服役状态建立有效联系，多数是基于经验数据和信息；提出采用动态的检查计划研究思路，以提高隧道结构安全性和降低服役寿命期维护成本，并提升检查计划制定的合理性。

（2）研究了检查计划函数的数学模型，包括：提出了 3 种简化的退化趋势特征，即平稳退化、加速退化和减速退化；在检查计划函数中考虑了隧道结构服役状态，提出线性函数，凹函数和凸函数 3 种不同形式的检查计划函数，并对他们的数学形式进行了假设和模拟。

（3）提出了检查成本的计算方法，并调查研究了计算维护成本时考虑贴现率的必要性，指出只有在维修费用较大且病害出现频率较低的情况下才有必要考虑贴现率的影响。

（4）介绍了基于检查评估结果反馈模式的检查计划实施流程，在维护时间轴上，检查计划的组织实施还需要跟退化模型建模、模型更新以及维修决策等维护行为交叉进行；推荐隧道内采用自动化检测技术进行检查工作，能够降低检查成本，并提高病害发现的及时性和准确性。

第 5 章 状态导向维修规则

5.1 维修规则概述

维护的目的在于使结构保有合格的服役性能，在维护过程中只有实施维修行为才能提高或改善结构的服役性能，因此判断处于当前服役状态的结构是否需要进行维修以及决定采用何种维修措施是十分重要的。一般来说，在维护费用支出中维修费用是单价最昂贵的，所以决定什么服役状态下实施维修行为以及采用何种维修行为不仅影响结构的安全性，还会对结构服役寿命期内的维护成本产生影响。

维修规则（Maintenance rule）是决定结构在不同服役状态下选用相应维修措施的确定规则，从本质上来看是一种服役状态和维修措施之间的映射关系。假设检查得到的服役性能退化指标 $X(t)$ 是一个集合，可以实施的维修措施（包括不进行维修）组成另一个集合。在修复性维护的维修规则中，服役状态只有正常和失效两种，两者之间的阈值为 F，即只有在发现系统失效之后才实施维修措施，因此其服役状态和维修措施之间的映射关系是非常简单的——映射（图 5.1a）。在预防性维护的维修规则中，也是将服役状态划分为正常和失效两种情况，但是为了提高结构的安全性，减少失效发生次数，常采用控制-极限策略（Control-limit strategy），该维修规则中包含预防性维修阈值 S 和失效阈值 F，当 $X(t)$ 处于 S 和 F 之间时，虽然结构仍处于正常状态，但是也需要实施预防性维修措施，该预防性维修措施和失效后采取的维修措施并无差别，其映射关系如图 5.1（b）所示。状态导向维修规则除了将结构划分为不同服役状态等级 $\{S_1, S_2, \cdots, S_n, F\}$ 之外，还区分了不同的维修措施，不同状态等级对应不同的维修措施，维护工作人员可以根据实际情况优化选择不同服役状态等级下最合适或效果最好的维修措施。如图 5.1（c）所示，状态导向维修规则主要研究内容是不同服役状态等级对应的维修措施，以及划分服役状态等级的阈值。

提出维修规则的目的在于对其参数进行优化，以达到提高维修效率的目的，然而在地铁隧道中进行维修规则优化还存在一些挑战性问题。首先，隧道结构本身不能轻易地被更换，目前只有少数加固技术可以对地铁隧道进行维修。因为城

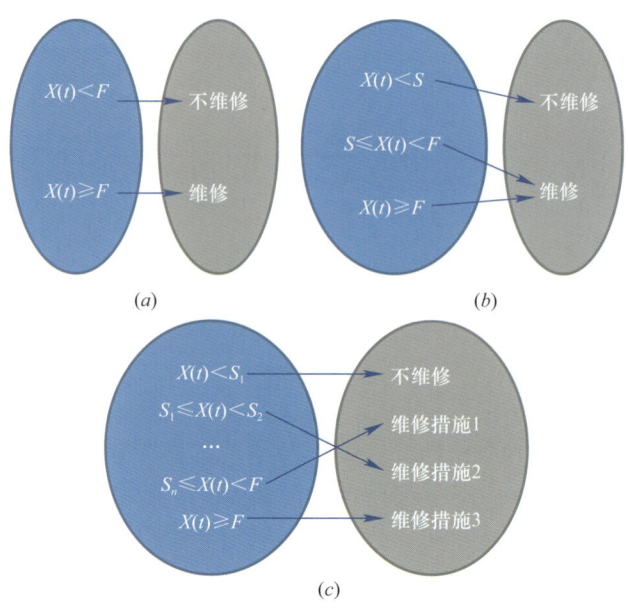

图 5.1 不同维护方法的维修规则

市地铁隧道的环境要求非常苛刻，维修施工时必须控制地表沉降和隆起不能超过限值，而且禁止使用直接开挖技术，所以维修措施只能在隧道内有限的空间中进行，并且要保证维修完成后剩余的空间还能满足净空要求。第二，维修措施的效果难以定量评估和模拟。地铁隧道中的维修措施大部分都是加固技术，在维修措施完成后，既有隧道的退化速度和退化状态等级都会发生改变，并且在地铁隧道的不同位置实施相同的维修措施还可能会产生不同的维修效果。第三，没有提出一种针对不同服役状态等级的维修措施实施规则，也不重视隧道结构实施维修措施效果和费用的优化方法。因此，为了研究维修规则优化问题，必须首先调研隧道中可用的维修措施及维修措施实施后的效果，然后研究维修措施在退化过程中的模拟方式，才能制定状态导向维修规则及优化方法。

因此，围绕隧道结构状态导向维修规则，需要进行的工作有：

（1）隧道结构常用维修措施调研；

（2）维修措施效果及在退化过程中的模拟方法；

（3）维修规则优化相关的数学问题和算法。

以退化过程及维修措施效果模拟为数学基础，在某一维修规则下，研究以结构安全性要求为约束条件，以最小化维护成本为目标函数的优化问题，根据目标函数的反馈，使用相应优化算法得到维修规则变量的最优化结果。

5.2　维修措施调研

上海地铁隧道中常用的维修加固技术有芳纶纤维增强布（AFRP）加固，内张钢板粘结加固和注浆加固等。以下对这几种维修措施的实施方法、效果和相关研究进行调研总结。

5.2.1　AFRP 加固

AFRP 是一种具有高强度、高弹性模量、低热膨胀系数和耐腐蚀的低成本材料，其材料参数如表 5.1 所示[118]。该材料十分适合应用于潮湿的隧道环境中，尤其是地铁隧道。因为 AFRP 只能承受拉力，它一般粘贴在地铁隧道的抗拉部位，为结构材料提供额外的抗拉强度。该加固方法的施工十分简便，如图 5.2 所示。

表 5.1　AFRP 的材料特性参数[119]

抗拉强度（MPa）	单位质量（g/cm³）	弹性模量（GPa）	延伸性（％）	破坏模式
3200～4000	1.44	125～160	2.4	塑性破坏

(a) AFRP加固的地铁隧道　　　　　　　　(b) AFRP的施工情况

图 5.2　地铁隧道 AFRP 加固和施工

在由管片拼装组成的盾构法地铁隧道中，AFRP 可以防止变形和接缝张开进一步发展。数值试验结果表明，它的加固效果受到施工时横断面变形大小的影响，在横断面变形越小时实施 AFRP 加固效果越好，结构抗力的提升随着横断面变形增大呈现线性减小趋势；在横断面变形小于 120mm 的情况下，通过实施 AFRP 加固，结构抗力可以提升 2％ 到 10％[118]。实际使用中，AFRP 一般作为临时加固措施和其他加固方法（比如内张钢板粘结加固）一起使用。

5.2.2 内张钢板粘结加固

从 2006 年起，地铁隧道中已经开始实践使用内张钢板粘结加固方法。该方法的目的是提升地铁隧道管片衬砌环的承载能力，从而阻止横断面变形进一步发展。该方法是将 20～30mm 厚的多块钢板安装在既有隧道管片衬砌的内弧面上，使钢板和管片一起承受周围荷载，如图 5.3 所示。

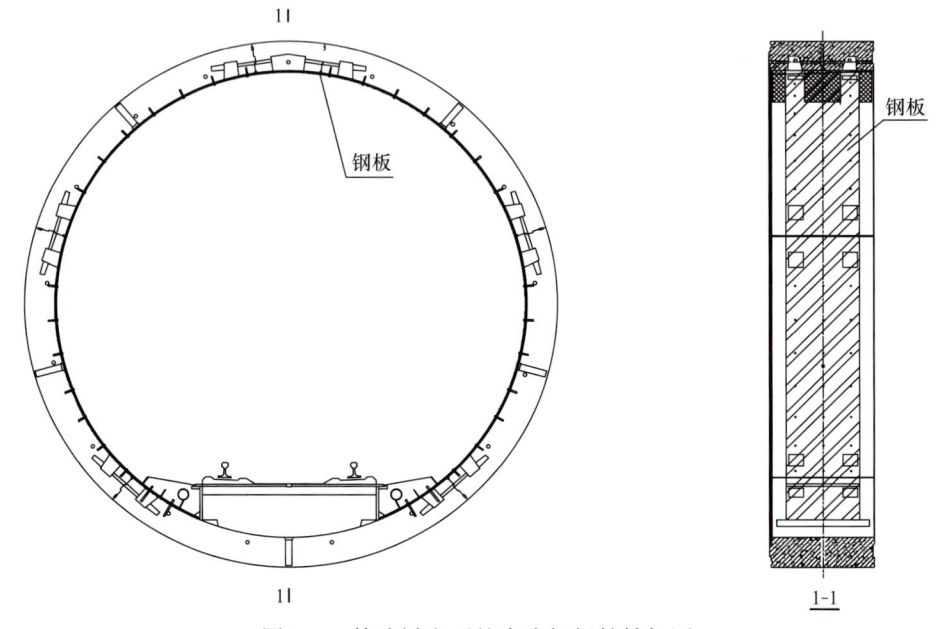

图 5.3 管片衬砌环的内张钢板粘结加固

在内张钢板粘结加固中，钢板和管片衬砌之间的空间以环氧树脂填充进行粘结。由于道床的存在，在隧道底部还设置了钢牛腿及钢螺栓固定在道床上，并将钢牛腿和钢板连接起来形成一个整体进行支撑。一般对一环管片衬砌加固需要 6 片钢板，钢板的宽度为 850mm。施工时钢板沿着管片衬砌的中线安装，钢板和钢板之间通过焊接连接。在隧道内表面安装钢板之前，钢板需要喷射聚合物涂料（spray polyurea elastomer，SPUR）做防锈处理。在安装完成之后，整个钢板环的内表面需要再进行一次 SPUR 做整体防锈处理。该方法的优点是加固施工完成后隧道内部空间变化非常小，因而不会影响到地铁列车运营和其他设施。此外，加固措施施工可以在晚间地铁停运的时段完成，不会影响到地铁网络白天的正常运营。

针对该加固措施，同济大学主持了一系列足尺试验验证了该加固措施可以提升管片衬砌环的极限承载力和抗弯刚度[120-122]。试验结果表明，管片衬砌环的极限承载力在实施内张钢板粘结加固后提升约 25%，抗弯刚度提升约 1850%[120]。

不过和未加固隧道相比，加固后隧道横断面变形极限值只提高了 5%，因此可以认为极限变形量并未因为加固发生改变。

因为横断面变形量并未因加固措施的实施而减小，因此可以认为地铁隧道的退化状态等级并没有发生改变，不过由于刚度和承载力提升，退化速率在加固后发生改变。在实践中，AFRP 加固和内张钢板粘结加固经常一起使用，在模拟时它们总的维修加固效果可以简单地进行叠加处理。

5.2.3　注浆加固

注浆加固是地下工程中广泛应用的一种加固方法，主要用于加速土体固结、堵水以及提高围岩和土体的承载力和稳定性等多种方面。在地铁隧道维护中，注浆加固的应用主要是减少隧道不均匀沉降，提高土体力学参数，有时还可以提高隧道周围土体的侧向抗力。

在上海地铁的维护实践中，维护人员采用压密注浆控制地铁隧道变形发展。针对运营隧道中常见的不均匀沉降病害，采取注浆加固之后隧道沉降发展趋于稳定，在一些区段还出现了少量回升。针对隧道横断面变形，通常采用侧向注浆的方法进行调整和改善，即在隧道侧边分排打设竖向注浆管，将浆液挤压注入土体，浆液渗入土体之后除了改善土体力学性能，还通过注浆压力或者膨胀压力的方式从隧道两侧提供额外的抗力，类似于"挤压"效果，从而遏制或减小隧道结构横向变形的发展，如图 5.4 所示。所采用的注浆浆液为水泥和水玻璃双液浆，

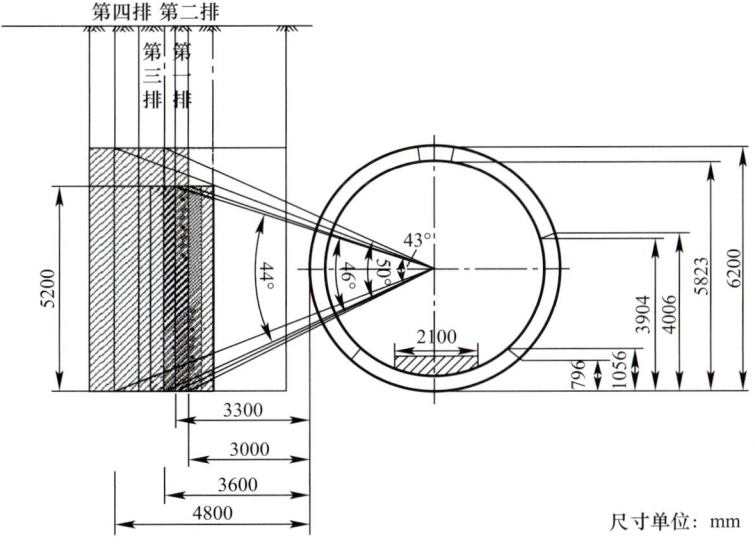

图 5.4　注浆加固剖面图[123]

浆液配比如表 5.2 所示，施工时需要在地铁隧道两侧每次少量并重复的进行注射，并且需要在隧道内进行监控测量，以避免在注浆过程中过度灌浆导致隧道受到过多的侧向压力。实践中发现对于不同地点或不同项目，灌浆量并不确定。通过现场监测和计算研究表明，注浆后地铁隧道横断面变形可以减少约 10～20mm[123]。在目前研究中并没有调查注浆加固的长期效果，因此对注浆加固是否能一直保持长期效果许多学者持保留态度。

表 5.2　注浆用双液浆配比[123]

浆液	材料名称	材料规格	质量（kg）
甲液	水	自来水	480
	水泥	普通硅酸盐 32.5 级	720
乙液	水玻璃	波美度为 35°Be′	120～240

地铁隧道注浆加固的效果随机性较大，一般需要在注浆加固之后通过监测数据来确定加固实施的效果。注浆加固成本与灌浆量有关，因灌浆量存在很大随机性，尤其是在变形控制的注浆加固情况下，为了达到相同的变形控制效果不同区段的灌浆量往往差异较大，因此实施一次注浆加固的成本也是随机的。

5.3　维修措施效果及模拟

在修复性维护和预防性维护的早期研究中，维修措施就是将系统进行更换，维修的效果是将系统状态修复到了初始状态（as good as new）。后来在预防性维修中又发展了一些维修措施效果模型，对预防性维修和修复性维修加以区分，将预防性维修假设为不完全维修（Imperfect maintenance），而将修复性维修假设为完全维修（Perfect maintenance）。修复性维修和早期研究中的定义一样，即维修行为能将系统状态修复到完好无损。不完全维修是指维修后系统状态不能变为初始状态，而是介于维修前状态和初始状态之间的一种状态，这种假设更加符合维修而非更换的实际效果，并且隧道的维修措施大部分都是加固措施，因此更加需要加强对不完全维修的研究。

5.3.1　不完全维修效果和模拟

5.3.1.1　退化指标改变

以 $X(t)^-$ 表示维修前检查到的系统退化指标，$X(t)^+$ 表示维修后的系统退化指标，$A(t) = X(t)^- - X(t)^+$ 表示维修后系统退化指标减少量。不完全维修的效果有如下几种假设形式：

（1）$X(t)^{+}=\begin{cases}X(t)^{-}\,(Pr=p)^{[124]}\\0\,(Pr=1-p)\end{cases}$；

（2）$X(t)^{+}=C(0\leqslant C\leqslant X(t)^{-})$；

（3）$A(t)=k(t)\cdot X(t)^{-}$，其中 $k(t)=1-t/T$，T 和 t 分别为系统服役寿命和系统当前服役时间[125]；

（4）$A(t)\sim U(a,b)$，其中 $a=0$，$b=X(t)^{-[101]}$；

（5）$A(t)\sim g_{\mu,\sigma,a,b}(x)=\dfrac{\dfrac{1}{\sigma}\phi\left(\dfrac{x-\mu}{\sigma}\right)}{\Phi\left(\dfrac{b-\mu}{\sigma}\right)-\Phi\left(\dfrac{a-\mu}{\sigma}\right)}I_{[a,b]}(x)$。其中：$I_{[a,b]}(x)$ 为示

性函数，当 $a\leqslant x\leqslant b$ 时 $I_{[a,b]}(x)=1$，其他情况下 $I_{[a,b]}(x)=0$；$\phi(\bullet)$ 是标准正态分布函数的 PDF，$\Phi(\bullet)$ 是标准正态分布的 CDF；$\mu=\dfrac{X(t)^{-}}{2}$，$\sigma=\dfrac{X(t)^{-}}{6}$；$a=\mu-3\sigma=0$，并且 $b=\mu+3\sigma=X(t)^{+[101]}$；

（6）综合考虑系统当前服役状态、预防性维修间隔和预防性维修成本的改善因子形式：$k=\dfrac{X(t)^{-}}{X(t)^{+}}=\left(\dfrac{C_{r}}{C_{r}-a\times C_{p}}\right)^{\frac{T-t}{T_{p}}}$。其中 C_{r} 和 C_{p} 分别是修复性维修和预防性维修的成本，T 和 t 分别为系统服役寿命和系统当前服役时间，T_{p} 为预防性维修间隔，a 为调整系数，可以根据系统的历史监测数据，环境，性质等参数确定。该改善因子在上述条件都确定的情况下是一个特定的值[126]。

假设形式（1）将不完全维修简化为完全维修的（p，q）概率形式，即不完全维修指的是在某些概率 p 下不能将系统修复如新，只能保持维修前的状态。这是一种非常简单的处理方式，没有体现出维修措施的不完全维修特性。假设形式（2）假定不完全维修后的系统退化指标降低到一个大于 0 并小于 $X(t)^{-}$ 的常数 C，说明维修后的状态介于初始状态和维修前状态之间，虽然体现出了维修措施的不完全性，但是未考虑随机性。假设形式（3）将不完全维修后的效果假设为和系统维修前的状态相关，并且随着服役时间增加，不完全维修措施提升的效果递减。假设形式（4）和（5）均是将不完全维修后退化指标减少量假设为随机变量，使维修后的状态介于维修前状态和初始状态之间，不同之处仅在于（4）假设退化指标减少量服从均匀分布（Uniform distribution）而（5）假设退化指标减少量服从截断正态分布（Truncated normal distribution）。对于实际的维修措施，有些措施是能够控制其维修效果的，这种情况采用假设形式（2）进行模拟比较好，而对于难以控制实际效果的维修措施，假设形式（3）、（4）和（5）可能更加合理。但是假设形式（3）主观性较强，没有调查到实际中和该规律符合

的维修措施，假设形式（4）和（5）的不确定性假设更加符合实际情况，同时方便结合监测数据进行定量分析确定。假设形式（6）较复杂，而且参数 a 的取值不容易确定，并且还考虑了成本投入和维修间隔等因素的影响，在对维修措施效果比较了解的情况下较合适采用。从总体上看，大多数假设形式都有各自适用的场合，实际使用时可以根据问题需要选用。

地铁隧道的加固方法应该看作是不完全维修，即地铁隧道结构在维修后介于运营初始状态和实施维修措施前状态之间。地铁隧道维护实践中常用维修加固方法的维修效果从其实际观察数据来看具有随机性，可以采用假设形式（3）或（4）进行模拟。通过一个简单的数值模型算例可以观察不完全维修实施的效果，图 5.5 给出了退化过程中实施几次不完全维修后系统退化指标下降，其中不完全维修效果假设为服从均匀分布的随机变量，变化区间是 ［0，30］。

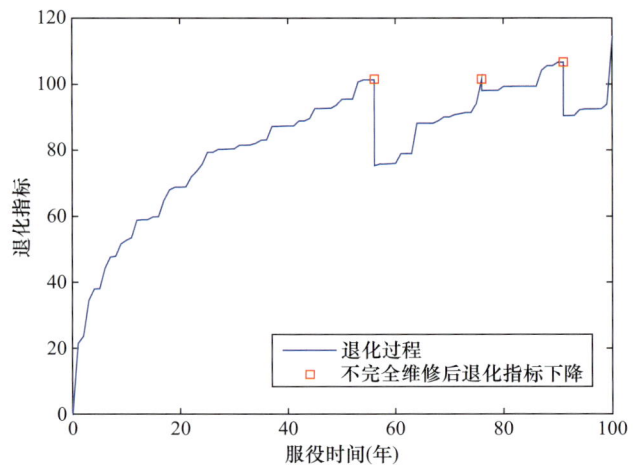

图 5.5　不完全维修改变系统退化指标

5.3.1.2　退化速率改变

除了对系统退化指标有影响，不完全维修还可能改变系统退化速率。比如一些不完全维修措施可能增强了系统的抗力或性能，从而使系统在后续发展过程中退化速率减缓，也能够降低系统发生失效破坏的概率。

地铁隧道中一些不完全维修措施（比如内张钢板粘贴加固）能够提升管片衬砌环的刚度和承载能力。这种维修措施实施后，管片衬砌环的抗弯刚度和极限承载力都得到了提升[120]。可以推测，当刚度和承载力提升后结构的退化速率也会减缓。在 Gamma 过程模拟的退化过程中，退化速率减缓可以通过改变 Gamma 过程的参数进行模拟[133]。改变 Gamma 退化过程的形状参数会引起退化过程增量的变化，只要减小该参数值即可模拟退化速率减缓，因此实施不完全维修措施后新的形状参数 α^* 可以通过如下方法模拟：

$$\alpha^* = \alpha \cdot d \tag{5.1}$$

其中，α 是实施维修措施前 Gamma 过程的形状参数，d 是一个介于 0 到 1 之间的系数。图 5.6 模拟了实施不完全维修措施后退化速率减缓（$d=1/10$）的情况。

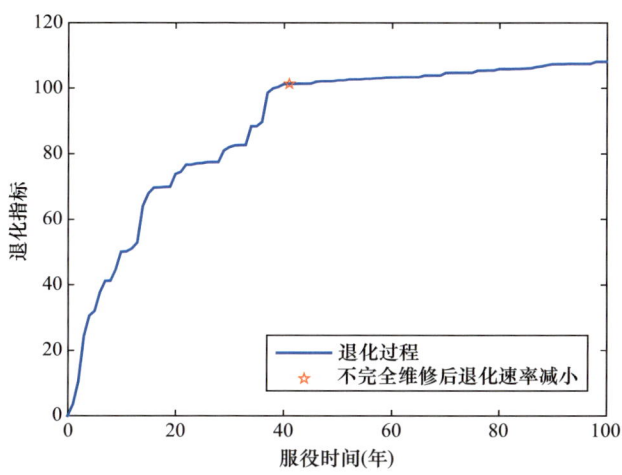

图 5.6　不完全维修改变系统退化速率

5.3.2　不完全维修的成本分析

随着不完全维修概念的提出，维修措施的成本计算也是需要考虑的问题。早期的预防性维护和修复性维护研究中一般直接给出维修成本的假设数值，也有一些研究基于数学实验，并不考虑对实际情况的模拟，以不完全维修和完全维修的比值为一个变量，考虑该比值对最优化维护成本的影响[101]。然而，虽然不同系统以及不同维修措施的成本和效果千差万别，但是大多数不完全维修的成本和效果之间假设有如下几种对应关系：

（1）成本是固定的，产生的维修效果也是固定的；

（2）成本是固定的，产生的维修效果是随机的；

（3）成本和系统当前退化状态及维修效果有关，产生的维修效果也是随机的。

上述假设（1）和（2）的情况比较简单，这里不做详细介绍。对于假设（3）涉及的情况，目前还有如下两种假设形式：

（1）$C_p = k(t) \cdot C_r + w$，其中 $k(t) = \dfrac{A(t)}{S} = 1 - \dfrac{t}{T}$，对应于不完全维修效果假

设（3）；C_r 表示完全（修复性）维修成本；w 为不完全维修的固定成本[125,127]；

（2）$C_p = C_p^0 \cdot \left(\dfrac{A(t)}{X(t)^-} \right)^\eta$，其中 C_p^0 表示在不完全维修条件下将系统修复到初始状态发生的成本，并且假设 $C_p^0 < C_r$；η 是一个非负实数，可以根据实际问题进行调整[101]。该假设形式同时考虑了不完全维修效果 $A(t)$ 以及系统当前退化状态指标 $X(t)^-$。

其他相关假设形式也是将维修效果或系统当前退化状态加入公式中，并增加某一调整参数以保证假设形式能够适应不同情况。在实际应用中，上述三种成本和效果之间的假设关系均有使用，具体需要根据维修措施鉴别使用。

5.4 维修规则优化方法

5.4.1 维修规则的参数

维修规则包括对下述问题做决定：结构在何种状态下需要实施维修措施和应该采取哪种维修措施。为了重点针对维修规则优化问题，本研究对比了状态导向维护的多状态导向维修规则和预防性维修的控制-极限策略维修规则。

结合第 2 章对状态导向维护方法的描述，将结构服役状态分为正常（Ⅰ级）、退化（Ⅱ级）、劣化（Ⅲ级）、恶化（Ⅳ级）和危险（Ⅴ级）五个等级。多状态导向维修规则指结构处于正常状态时不进行维修，当结构处于退化、劣化、恶化和危险等不同服役状态时分别采取小修、中修、大修及重建等不同的维修措施，假设不同服役状态之间的阈值分别为 S_1，S_2，S_3，S_4。而控制-极限策略维修规则将结构分为正常和危险两个服役状态，失效阈值为 F，预防性维修阈值为 S。两种维修规则的逻辑如表 5.3 所示。

表 5.3　多状态导向维修规则和控制-极限策略维修规则

多状态导向		控制-极限策略	
结构服役状态划分	维修措施	结构服役状态划分	维修措施
$X(t) < S_1$	Ⅰ级，不进行维修	$X(t) < S$	正常，不进行维修
$S_1 \leqslant X(t) < S_2$	Ⅱ级，进行小修		
$S_2 \leqslant X(t) < S_3$	Ⅲ级，进行中修		
$S_3 \leqslant X(t) < S_4$	Ⅳ级，进行大修	$S \leqslant X(t) < F$	正常，进行预防性大修
$X(t) \geqslant S_4$	Ⅴ级，重建	$X(t) \geqslant F$	危险，重建

因为隧道结构中采用的维修措施大部分为加固措施，因此假设上述两种维修

规则中的维修措施均为不完全维修，而结构发生危险后进行的重建为完全维修，一般来说重建费用极其高昂。基于对隧道内常用维修措施的调研发现，有一些维修措施不改变当前退化指标大小，但是提升了结构的承载力和刚度，从而减缓了后续的退化速率，而有些加固措施可以改变当前退化指标大小，因而可能会改变结构的服役状态。不同等级维修措施对隧道结构服役性能的提升不同：假设小修不改变隧道结构当前服役状态等级，只能降低退化速率；中修和大修可以改变隧道结构服役状态等级。假设控制-极限策略的预防性维修效果等同于多状态导向维修中的大修。因此，将不同等级维修措施（小修、中修和大修）的效果进行假设，如表 5.4 所示。

表 5.4　不同等级维修措施效果假设

多状态导向		控制-极限策略	
维修类型	效果假设	维修类型	效果假设
小修	退化速率减缓：$\alpha^* = \alpha \cdot d$	预防性大修	退化指标下降：$A(t) \sim U(a_2, b_2)$
中修	退化指标下降：$A(t) \sim U(a_1, b_1)$		
大修	退化指标下降：$A(t) \sim U(a_2, b_2)$		

结合非周期性或周期性检查计划，维修规则需要优化的参数如表 5.5 所示。其中，两种维修规则判断结构是否进入危险（失效）状态等级的阈值（S_4 和 F）是已知的，已经通过之前的试验或计算得知，不需要进行优化。

表 5.5　两种维修规则的参数

维修规则编号	MR #1	MR #2
维修规则类型	多状态导向	控制-极限策略
待优化参数	服役状态之间的阈值：S_1，S_2，S_3	预防性维修阈值：S
已知的阈值	$S_4 = 150$	$F = 150$

5.4.2　优化算法

本研究比较多状态导向维修规则和控制-极限策略维修规则的不同，目标是优化维修规则的参数，以提高维修措施实施的效率。该优化问题的约束条件是结构的安全性，目标函数为隧道结构服役寿命期内的维护成本，可以认为在同等结构安全性下，维护成本越低，维修规则越好。由于采用了不完全维修的假设，而且多状态导向维修规则较复杂，因此很难应用理论公式推导计算服役寿命期内的维护成本[101]。本研究提出了一种基于数值试验的方法来计算隧道结构服役寿命期内检查次数、维修措施和失效次数的期望值，进而可以计算服役寿命期内的维护成本，公式如下：

$$C_{\text{lifetime}} = C_{\text{insp}} \cdot E(N_{\text{insp}}) + \sum_{i=1}^{m} C_{m_i} \cdot E(N_{m_i}) + C_f \cdot E(N_f) \tag{5.2}$$

其中，C_{lifetime} 是隧道结构服役寿命期内的全部维护成本。N_{insp} 是服役寿命期内的检查次数，C_{insp} 是每次检查发生的费用。假设隧道中共有 m 种维修措施，N_{m_i} 是隧道结构服役寿命期内 i 类型维修措施的实施次数，C_{m_i} 是 i 类型维修措施的成本。C_f 是隧道结构破坏发生后重建的成本，N_f 是破坏发生的次数。$E(\cdot)$ 是期望运算符号。需要指出的是由于在隧道结构维护中，检查计划制定也会对维修规则产生影响，二者具有关联性，因此在维修规则优化中，需要将检查计划制定的参数一起考虑和优化。

优化计算的约束条件是服役寿命期内的失效概率应低于一个极限值。在数值试验模拟次数足够多的情况下，隧道结构服役寿命期内的失效概率可以通过 $E(N_f)$ 估计得到。根据我国地铁隧道的设计标准，失效概率应该低于 1.1×10^{-4}[128]。

综上所述，根据 5.4.1 节对维修规则参数的研究，可以给出维修规则 MR #1 和 MR #2 优化问题的数学框架：

$$\min_{MR\#1, MR\#2} \{C_{\text{lifetime}}\}$$
$$s.t. \ P_f < 1.1 \times 10^{-4} \tag{5.3}$$
$$where \ MR\#1 = \{S_1, S_2, S_3\}$$
$$MR\#2 = \{S\}$$

对于解决大型基础设施的维护优化问题有许多种算法[129-132]。本研究采用的优化算法是网络穷举优化算法。假设 k 表示维护策略的参数，n 是退化过程的模拟次数，t 是一次退化过程模拟中隧道结构当前服役时间。该算法会首先在每一个时间步判断结构服役状态，如果 t 时刻模拟的退化指标超过了失效阈值（S_4 或 F）则记为一次失效；如果没有，则结构是安全的，算法会再判断此时是否在检查计划时间点上；如果当前时间正处于检查计划时间点上，记录一次检查次数，另外还需要判断模拟的退化指标是否超过某一维修阈值（S_1，S_2，S_3 或 S），超过阈值需要实施相应等级的维修措施，同时记录相应维修措施的次数；下次检查时间可以根据检查得到的结构服役状态采用检查计划函数确定。在模拟的 n 次退化过程中重复上述检查、判断和维修等行为，然后可以估计 n 次模拟得到的检查次数、维修次数和失效次数的平均值，采用公式（5.2）可以计算隧道结构服役寿命期内的维护成本。使用网络穷举优化算法，分别列举不同的维护策略参数 k，选用维护成本最低而又满足结构安全性要求的参数 k^* 作为最优解。

以多状态导向维修规则为例，上述算法的伪代码如下：

算法 1　网络穷举优化算法（多状态导向维修规则）

初始化
$N_f(k, n)=0$　　　　　　　　　%失效破坏次数
$N_{Insp}(k, n)=0$　　　　　　　%检查次数
$N_{m_i}(k, n)=0$　　　　　　　%第 i 种维修措施实施次数
$FirstInsp=1$　　　　　　　　%第一次检查时间
$NextInsp=0$　　　　　　　　%下次检查时间
for all $k\in(0, M_k]$ do　　　　　%维护策略参数搜索范围（0，M_k]
　for all $n\in N$ do　　　　　　%退化过程模拟次数 N
　　for $t\in(1, T]$ do　　　　　%隧道结构服役寿命 T
　　　if $Y(t)\geqslant S_4$　　　　　　%判断是否发生失效破坏
　　　　$N_f(k, n)=N_f(k, n)+1$　　　%记录失效破坏次数
　　　elseif $t=FirstInsp$ or $t=NextInsp$　　　%判断是否处于检查时间点上
　　　　$N_{Insp}(k, n)=N_{Insp}(k, n)+1$　　　%记录检查次数
　　　　$NextInsp=t+Insp(Y(t))$　　%计算下次检查时间，$Insp$（）为检查计划函数
　　　　if $S_4>Y(t)\geqslant S_3$　　　　　%判断退化指标是否超过维修阈值 S_3
　　　　　$N_{m_3}(k, n)=N_{m_3}(k, n)+1$　　%记录维修措施次数
　　　　　$Y(t)^*=f_3(Y(t))$　　%维修后退化过程改变，$f_3(Y(t))$为维修措施效果
　　　　end
　　　　if $S_3>Y(t)\geqslant S_2$　　　　　%判断退化指标是否超过维修阈值 S_2
　　　　　$N_{m_2}(k, n)=N_{m_2}(k, n)+1$　　%记录维修措施次数
　　　　　$Y(t)^*=f_2(Y(t))$　　%维修后退化过程改变，$f_2(Y(t))$为维修措施效果
　　　　end
　　　　if $S_2>Y(t)\geqslant S_1$　　　　　%判断退化指标是否超过维修阈值 S_1
　　　　　$N_{m_1}(k, n)=N_{m_1}(k, n)+1$　　%记录维修措施次数
　　　　　$Y(t)^*=f_1(Y(t))$　　%维修后退化过程改变，$f_1(Y(t))$为维修措施效果
　　　　end
　　　end
　　end
　　计算第 n 次模拟的 $N_f(k, n)$，$N_{Insp}(k, n)$，$N_{m_i}(k, n)$
end
$$E(N_f(k))=\frac{1}{N}\sum_{n=1}^{N}N_f(k, n)$$
$$E(N_{Insp}(k))=\frac{1}{N}\sum_{n=1}^{N}N_{Insp}(k, n)$$
$$E(N_{m_i}(k))=\frac{1}{N}\sum_{n=1}^{N}N_{m_i}(k, n)$$
$$C_{lifetime}(k)=C_{insp}\cdot E(N_{insp}(k))+\sum_{i=1}^{m}C_{m_i}\cdot E(N_{m_i}(k))+C_f\cdot E(N_f(k))$$
end
$k^*=argmin\{C_{lifetime}(k)$ and $E(N_f(k))>P_{f_{target}}\}$
结果：最优化维护策略参数和维护成本 $\{k^*, C_{lifetime}(k^*)\}$

5.5 小结

本章主要研究了隧道结构状态导向维修规则，总结如下：

（1）提出一种多状态导向维修规则，当隧道结构处于不同服役状态等级时选用不同等级的维修措施，并与传统的修复性维护方法和预防性维护方法的维修规则进行了比较。

（2）调研上海地铁隧道中常用的芳纶纤维增强布加固，内张钢板粘结加固和注浆加固等维修措施，并总结了这几种维修措施的实施方法和效果。

（3）提出了将隧道结构维修措施效果模拟为不完全维修的方法，包括将维修措施效果模拟为退化指标下降和退化速率减缓两种情况；不完全维修是维修后的状态介于维修前状态和初始状态之间的一种模拟维修措施效果的方法，其假设更加符合隧道结构维修措施的实际效果。

（4）总结了考虑维修措施效果及随机性的维修成本计算模拟方法。

（5）结合隧道结构服役状态等级划分，发展了一种隧道结构多状态导向维修规则，分析了维修规则的参数，并与控制-极限策略维修规则进行了比较。

（6）针对维修规则优化问题，以结构的安全性为约束条件，以最小化隧道结构服役寿命期内维护成本为目标函数，给出了优化问题的数学框架和网络穷举优化算法。

第 6 章　维护策略优化及数值试验分析

6.1　维护策略及目标问题

在隧道结构状态导向维护方法中，维护策略包括制定的检查计划和实施的维修规则。维护策略优化是指对维护策略的参数进行优化取值和组合，从而达到对隧道结构维护过程进行优化管理的一种方法。

以第 3 章提出的数据驱动的退化模型为基础，结合第 4 章提出的不同数学形式的非周期性检查计划函数以及第 5 章提出的多状态导向维修规则，可以和传统的周期性检查计划与控制-极限策略维修规则进行比较研究，以探索研究状态导向维护方法的维护策略及效果。主要研究的目标问题如下：

问题 1：隧道结构退化趋势类型与检查计划函数数学形式之间的关系研究。退化趋势类型分为平稳退化、加速退化和减速退化三种类型，而检查计划函数有线性函数、凹函数和凸函数等不同形式，比较采用不同形式检查计划函数对各种类型退化过程进行维护策略优化的效果，分析各种类型退化过程的最优检查计划函数数学形式。

问题 2：周期性检查计划和非周期性检查计划的比较研究。在相同维修规则下，比较采用周期性检查计划和非周期性检查计划进行维护策略优化的效果，对维护策略的检查计划选择进行建议。

问题 3：多状态导向维修规则和控制-极限策略维修规则的比较研究。在相同检查计划函数形式下，比较采用多状态导向维修规则和控制-极限策略维修规则进行维护策略优化的效果，对维护策略中的维修规则选择进行建议。

与上述目标问题对应的维护策略如表 6.1 所示。

表 6.1　与目标问题对应的维护策略

目标问题	维护策略编号	退化趋势类型	检查计划类型	维修规则类型
问题 1	MS＃1-1	平稳退化	非周期性 $m_1(x)$	控制-极限策略
	MS＃1-2		非周期性 $m_2(x)$	
	MS＃1-3		非周期性 $m_3(x)$	

目标问题	维护策略编号	退化趋势类型	检查计划类型	维修规则类型
问题 1	MS＃2-1	加速退化	非周期性 $m_1(x)$	控制-极限策略
	MS＃2-2		非周期性 $m_2(x)$	
	MS＃2-3		非周期性 $m_3(x)$	
	MS＃3-1	减速退化	非周期性 $m_1(x)$	控制-极限策略
	MS＃3-2		非周期性 $m_2(x)$	
	MS＃3-3		非周期性 $m_3(x)$	
问题 2 和问题 3	MS＃4	减速退化	非周期性 $m_1(x)$	多状态导向
	MS＃5		非周期性 $m_1(x)$	控制-极限策略
	MS＃6		周期性	控制-极限策略
	MS＃7		周期性	多状态导向

6.1.1 不同退化趋势类型假设

表 6.1 中所述的减速退化使用第 3 章数据驱动的退化过程建模应用算例结果，采用一种幂函数形式时间转换函数的非稳态 Gamma 过程模拟隧道结构服役性能退化。该非稳态 Gamma 过程形状参数的时间转换函数为 $c \cdot t^q$，尺度参数为 β，因此需要估计的参数为 c，q 和 β。根据极大似然估计方法，使用公式（3.41）和监测数据得到参数估计值为 $c=1.3211$，$q=0.5063$ 和 $\beta=0.1578$。为了模拟加速退化和平稳退化，并保证不同退化过程在无维护情况下到达服役寿命终点的失效概率相等，可以根据 Gamma 过程的统计特性计算加速退化和平稳退化的统计参数。根据非稳态 Gamma 过程的概率密度函数，在时刻 t 非稳态 Gamma 过程的期望和方差如下：

$$E(X(t)) = c \cdot t^q/\beta \tag{6.1}$$

$$Var(X(t)) = c \cdot t^q/\beta^2 \tag{6.2}$$

Gamma 过程的形状参数 α（非稳态 Gamma 过程为 $c \cdot t^q$）控制跳跃的频率，尺度参数 β 控制跳跃的大小。为了对比研究的合理性，加速退化和平稳退化不改变 Gamma 过程的尺度参数，形状参数时间转换函数形式也一样，并假设加速退化的参数为 c_1，$q_1=2$，平稳退化的参数为 c_2，$q_2=1$。假设隧道结构的设计服役寿命为 100 年，在服役寿命终点三种退化过程的失效概率相等，因此只要满足公式（6.3）即可计算出 c_1 和 c_2 的数值。

$$\frac{1.3211 \cdot 100^{0.5063}}{\beta} = \frac{c_1 \cdot 100^2}{\beta} = \frac{c_2 \cdot 100}{\beta} \tag{6.3}$$

根据上述公式的计算结果，三种退化过程的参数如表 6.2 所示。

表 6.2　不同退化过程的参数

退化趋势类型	时间转换函数的参数	尺度参数
平稳退化	$c_2 = 0.135998$，$q_2 = 1$	$\beta = 0.1578$
加速退化	$c_1 = 0.001359$，$q_1 = 2$	$\beta = 0.1578$
减速退化	$c = 1.3211$，$q = 0.5063$	$\beta = 0.1578$

图 6.1 展示了采用表 6.2 中三种退化过程参数在隧道结构服役寿命期内无维修情况下的模拟比较，可以看出在设计服役寿命终点三者的退化指标概率分布类似，他们的区别主要在于退化路径不同。

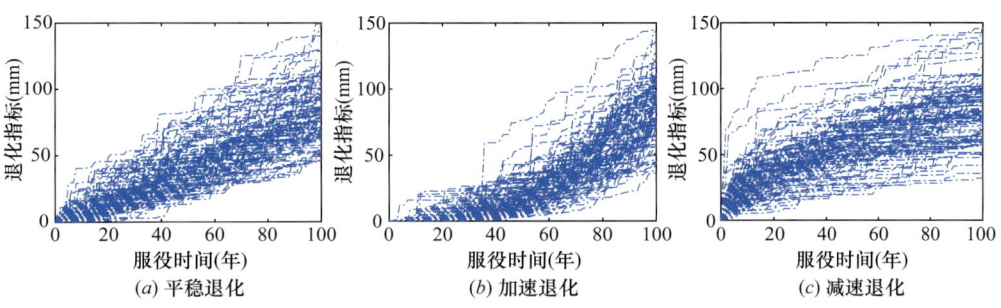

图 6.1　三种退化过程模拟比较（100 次模拟）

6.1.2　检查计划函数假设

根据第 4 章的研究内容，表 6.1 中所述的非周期性检查计划类型 $m_1(x)$，$m_2(x)$ 和 $m_3(x)$ 分别如下：

$$m_1(x) = \begin{cases} a - \dfrac{a-1}{b}x, & 0 \leqslant x \leqslant b \\ 1, & x > b \end{cases} \tag{6.4}$$

$$m_2(x) = \begin{cases} \dfrac{(x-b)^2}{b^2}(a-1) + 1, & 0 \leqslant x \leqslant b \\ 1, & x > b \end{cases} \tag{6.5}$$

$$m_3(x) = \begin{cases} -\left(\dfrac{\sqrt{a-1}}{b}x\right)^2 + a, & 0 \leqslant x \leqslant b \\ 1, & x > b \end{cases} \tag{6.6}$$

上述公式（6.4）到（6.6）都要满足 $a > 1$。

周期性检查计划形式更加简单，只有检查周期 T 一个参数。两种检查计划方式都还需要考虑首次检查时间，根据大多数国家的规范要求，隧道结构在投入运营第一年时应进行第一次检查评估，因此本算例假设周期性和非周期性检查计划的首次检查时间均为第1年。

6.1.3　维修规则、效果及成本假设

维修规则分为多状态导向维修规则和控制-极限策略维修规则两种，二者对结构服役状态划分及相应的维修措施选择规定如表6.3所示。

表 6.3　维修规则类型

多状态导向维修规则		控制-极限策略维修规则	
结构服役状态划分	维修措施	结构服役状态划分	维修措施
$X(t)<S_1$	Ⅰ级，不进行维修		
$S_1{\leqslant}X(t)<S_2$	Ⅱ级，进行小修	$X(t)<S$	正常，不进行维修
$S_2{\leqslant}X(t)<S_3$	Ⅲ级，进行中修		
$S_3{\leqslant}X(t)<S_4$	Ⅳ级，进行大修	$S{\leqslant}X(t)<F$	正常，进行预防性大修
$X(t){\geqslant}S_4$	Ⅴ级，重建	$X(t){\geqslant}F$	危险，重建

维修措施的小修、中修和大修等级不同，维修强度也不同，在维护过程中对结构安全性提升及成本也不相同。因此，根据5.3节的研究内容，本算例将不同等级维修措施（小修、中修和大修）的效果做不同假设，如表6.4所示。

表 6.4　不同等级维修措施的效果假设

多状态导向维修措施		控制-极限策略维修措施	
维修类型	效果假设	维修类型	效果假设
小修	退化速率减缓：$\alpha^*=\alpha \cdot d[i]$ $d=[0.8, 0.9, 1]$	预防性大修	退化指标下降： $A(t){\sim}U(a_2, b_2)$ $a_2=40, b_2=60$
中修	退化指标下降：$A(t){\sim}U(a_1, b_1)$ $a_1=20, b_1=40$		
大修	退化指标下降：$A(t){\sim}U(a_2, b_2)$ $a_2=40, b_2=60$		

需要指出的是每次小修实施的效果是递减的，实施小修措施2次以后就不再产生维修效果，即从第3次小修开始$d=1$。

表6.5列出了不同维护行为的成本假设。需要指出的是由于算例中的小修、中修和大修和调查的实际维修措施并无一一对应关系，因此计算得出的维护成本只与本假设的参数取值有联系，实际分析时可以根据调查得到的数据采用本算例提供的数学模型框架进行分析。

表 6.5 不同维护行为的成本

维护行为类型	成本（以一次检查成本作为 1 个单位）
检查	1
小修	5
中修	200
大修（包括预防性大修）	500
重建	500000

6.1.4 待优化参数和目标

检查计划制定的变量主要是不同检查计划函数的参数，维修规则的变量主要是维修阈值选择和维修措施选择。根据第 5 章提出的优化算法，检查计划函数的参数和维修规则的参数在维护策略中同时进行优化。根据上述假设，维护策略的待优化参数及参数搜索范围如表 6.6 所示。

表 6.6 待优化参数和搜索范围

维护策略编号	待优化参数和搜索范围
MS #1-1，MS #1-2，MS #1-3	检查计划函数的参数 a：$a \in [1, 30]$，$b=140$；预防性维修阈值 S：$S \in [80, 130]$
MS #2-1，MS #2-2，MS #2-3	
MS #3-1，MS #3-2，MS #3-3	
MS #4	检查计划函数的参数 a：$a \in [1, 50]$，$b=140$；服役状态之间的阈值 S_1，S_2，S_3：S_1，S_2，$S_3 \in [20, 140]$，$S_1+40 \leqslant S_2+20 \leqslant S_3$
MS #5	检查计划函数的参数 a：$a \in [1, 30]$，$b=140$；预防性维修阈值 S：$S \in [80, 130]$
MS #6	检查周期 T：$T \in [1, 30]$；预防性维修阈值 S：$S \in [80, 130]$
MS #7	检查周期 T：$T \in [1, 40]$；服役状态之间的阈值 S_1，S_2，S_3：S_1，S_2，$S_3 \in [20, 140]$，$S_1+40 \leqslant S_2+20 \leqslant S_3$

6.2 算例结果分析

6.2.1 问题 1 结果分析

根据问题 1 的研究内容，分别针对平稳退化、加速退化和减速退化三种退化趋势类型的退化过程，研究他们分别采用不同非周期性检查计划函数 $m_1(x)$，

$m_2(x)$ 和 $m_3(x)$ 的维护策略优化效果。三种退化过程均采用比较简单的控制-极限策略维修规则。

表 6.7 给出了平稳退化过程下采用不同检查计划函数的维护策略优化结果。三种维护策略都在预防性维修阈值 $S=110$ 时取得最优解，并且维护策略 MS#1-2 在满足结构安全性要求的情况下维护成本最小。另外，虽然三种维护策略的最优化维护成本不同，但是可以看出他们之间的差别并不大。维护策略 MS#1-2 所采用的检查计划函数为非周期性 $m_2(x)$。

表 6.7　平稳退化过程下不同维护策略的优化结果

维护策略编号	MS#1-1	MS#1-2	MS#1-3
参数优化计算的最优解	$a=8$ $S=110$	$a=25$ $S=110$	$a=4$ $S=110$
最优解下的失效概率	7.5×10^{-5}	6.5×10^{-5}	6.0×10^{-5}
最优解下的维护成本	129	117	134

图 6.2 展示了维护成本关于维护策略参数 a 和 S 的等值线图。从图 6.2 (a)，6.2 (c) 和图 6.2 (e) 可以观察到不同维护策略下相同数值等值线包含的参数范围（即维护成本相等的参数范围）差别较大，采用检查计划函数 $m_2(x)$ 的维护策略 MS#1-2 面积最大，这说明该维护策略下维护成本相对较低。如果隧道结构的维护管理单位不对维护策略进行优化，而是根据经验直接给出维护策略的参数，则采用维护策略 MS#1-2 能够减小由主观性造成的高维护成本。

另外，图 6.2 中维护成本等值线在检查计划函数参数 a 方向上比较稀疏，在预防性维修阈值 S 方向上比较稠密，说明维护成本对检查计划函数参数 a 不敏

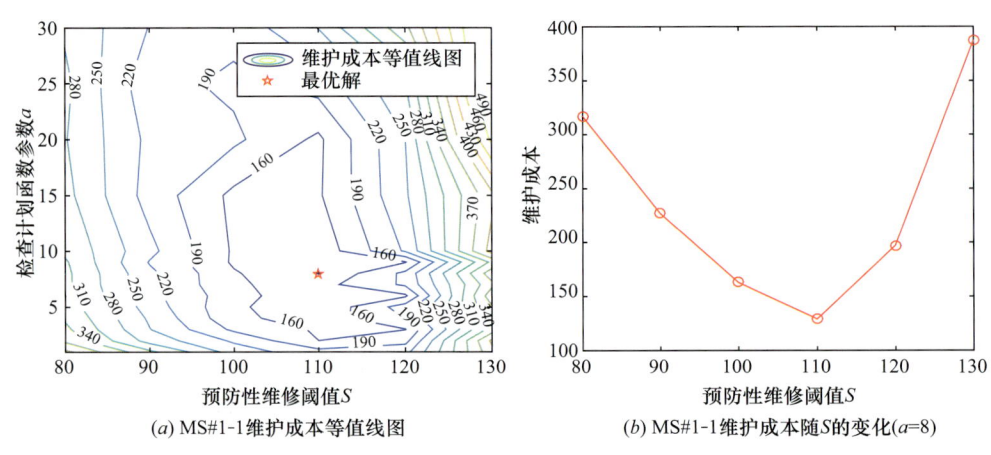

(a) MS#1-1维护成本等值线图　　　　　　(b) MS#1-1维护成本随S的变化(a=8)

图 6.2　平稳退化过程下不同维护策略的优化结果分析（一）

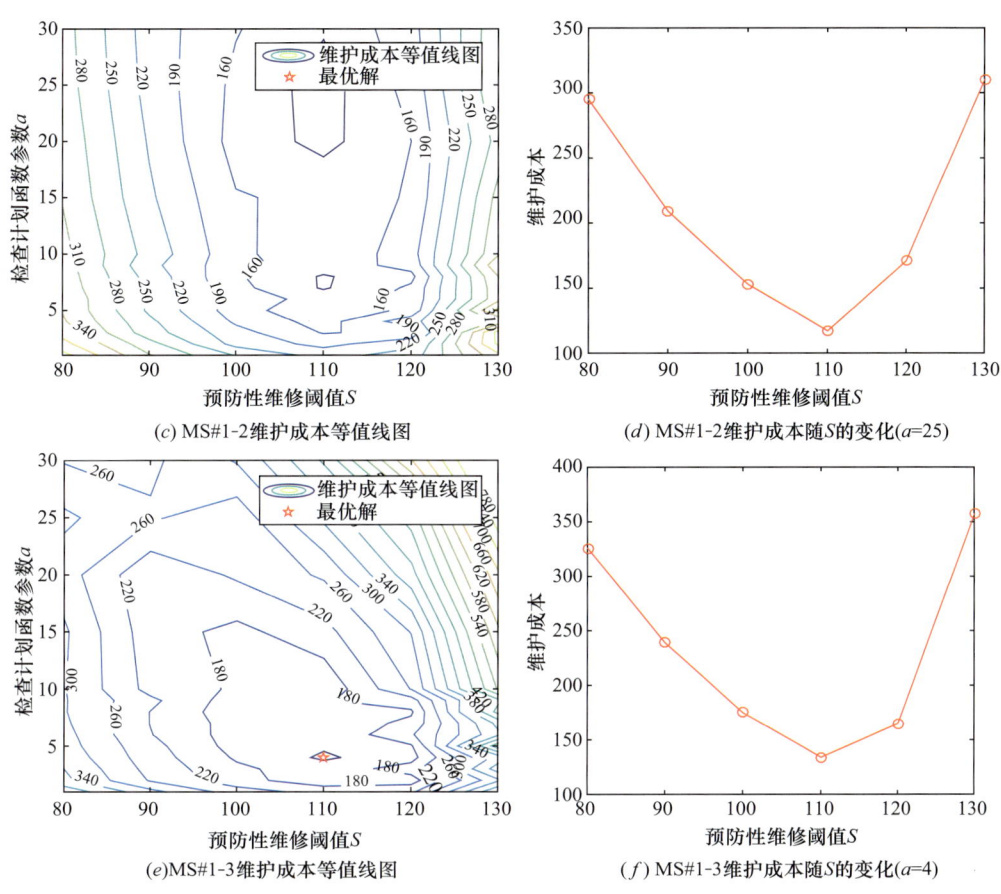

图 6.2　平稳退化过程下不同维护策略的优化结果分析（二）

感，对预防性维修阈值 S 比较敏感。图 6.2（b），6.2（d）和图 6.2（f）展示了三种维护策略下维护成本随预防性维修阈值 S 的变化情况。

表 6.8 给出了加速退化过程下采用不同检查计划函数的维护策略优化计算结果。三种维护策略都在预防性维修阈值 $S=110$ 时取得最优解，并且采用非周期性检查计划函数 $m_2(x)$ 的维护策略 MS#2-2 在满足结构安全性要求的情况下维护成本最小。另外，三种维护策略的最优化维护成本差别不大。

表 6.8　加速退化过程下不同维护策略的优化结果

维护策略编号	MS#2-1	MS#2-2	MS#2-3
参数优化计算的最优解	$a=4$ $S=110$	$a=8$ $S=110$	$a=3$ $S=110$

续表

维护策略编号	MS＃2-1	MS＃2-2	MS＃2-3
最优解下的失效概率	6.0×10^{-5}	4.0×10^{-5}	9.5×10^{-5}
最优解下的维护成本	135	118	156

图 6.3 展示了加速退化过程下维护成本关于维护策略参数 a 和 S 的等值线图。与平稳退化过程下的情况类似，从图 6.3（a），6.3（c）和图 6.3（e）可以观察到不同维护策略的相同数值等值线包含的参数范围（即维护成本相等的参数范围）差别较大，采用检查计划函数 $m_2(x)$ 的维护策略 MS＃2-2 相同数值等值线包围的面积最大。因此，仍建议维护管理单位采用维护策略 MS＃2-2，从而减小因主观性造成的高维护成本。

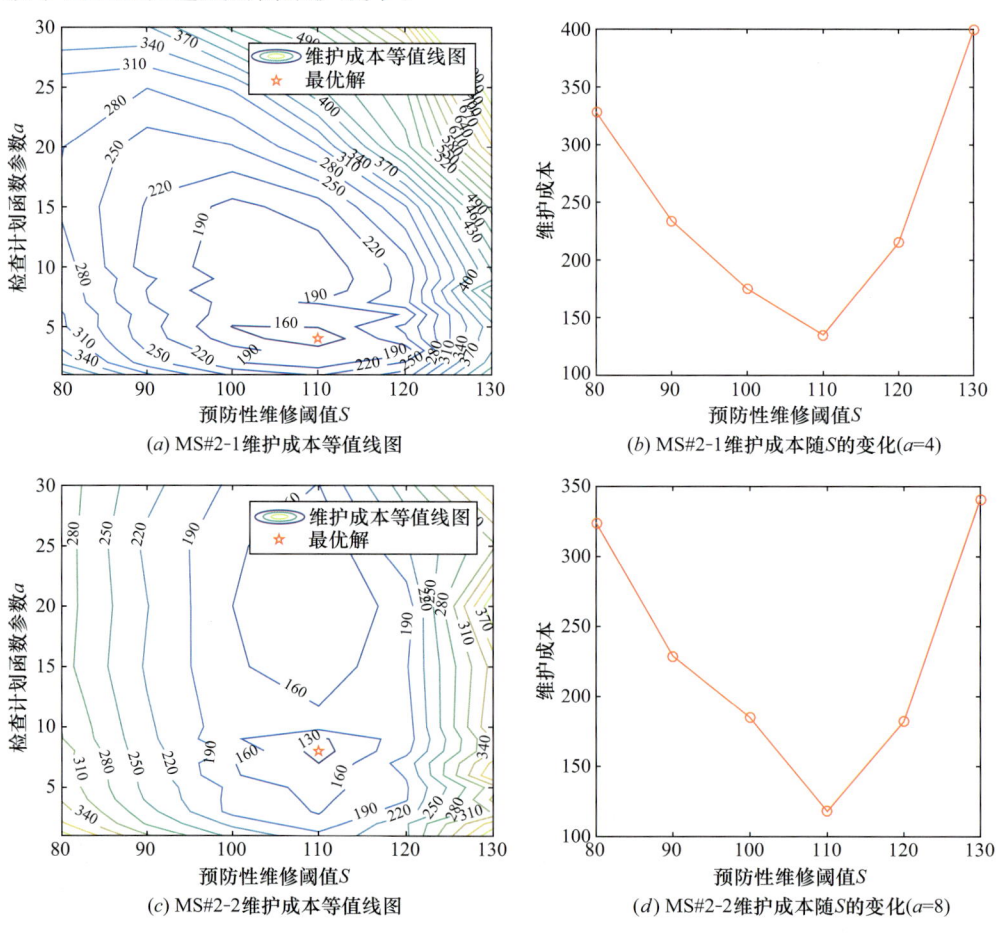

图 6.3　加速退化过程下不同维护策略的优化结果分析（一）

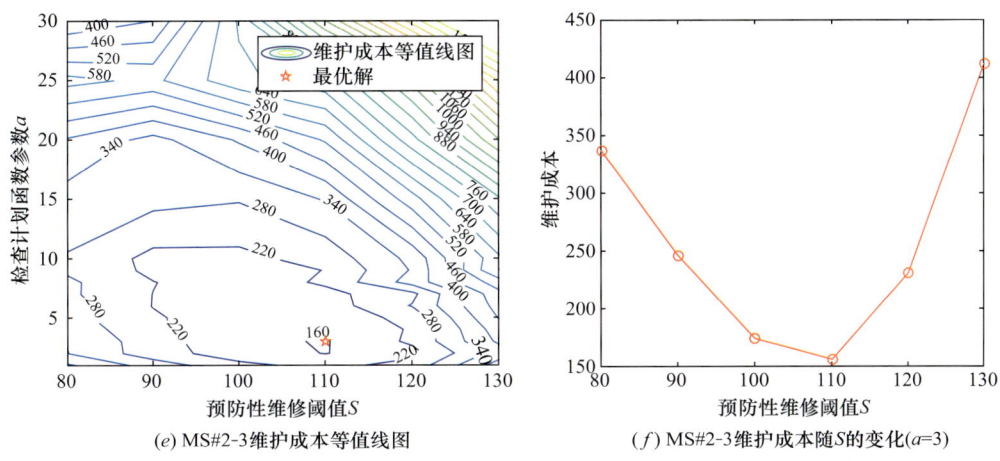

(e) MS#2-3 维护成本等值线图　　　(f) MS#2-3 维护成本随 S 的变化(a=3)

图 6.3　加速退化过程下不同维护策略的优化结果分析（二）

根据图 6.3 中维护成本等值线的疏密特征，加速退化过程下三种维护策略的维护成本也是对预防性维修阈值 S 比较敏感。图 6.3（b），6.3（d）和图 6.3（f）展示了三种维护策略下维护成本随预防性维修阈值 S 的变化情况。

表 6.9 给出了减速退化过程下采用不同检查计划函数的维护策略优化计算结果。三种维护策略都在预防性维修阈值 S=110 时取得最优解，并且采用非周期性检查计划函数 $m_2(x)$ 的维护策略 MS#3-2 在满足结构安全性要求的情况下维护成本最小。另外，三种维护策略的最优化维护成本差别不大。

表 6.9　减速退化过程下不同维护策略的优化结果

维护策略编号	MS#3-1	MS#3-2	MS#3-3
参数优化计算的最优解	a=9 S=110	a=20 S=110	a=7 S=110
最优解下的失效概率	$6.0×10^{-5}$	$4.5×10^{-5}$	$6.0×10^{-5}$
最优解下的维护成本	124	115	124

图 6.4 展示了减速退化过程下维护成本关于维护策略参数 a 和 S 的等值线图。与平稳退化过程下的情况类似，从图 6.4（a），6.4（c）和图 6.4（e）可以观察到不同维护策略的等值线包含的参数范围（即维护成本相等的参数范围）差别较大，采用检查计划函数 $m_2(x)$ 的维护策略 MS#3-2 相同数值等值线包围的面积最大。因此，建议维护管理单位采用维护策略 MS#3-2，从而减小因主观性造成的高维护成本。

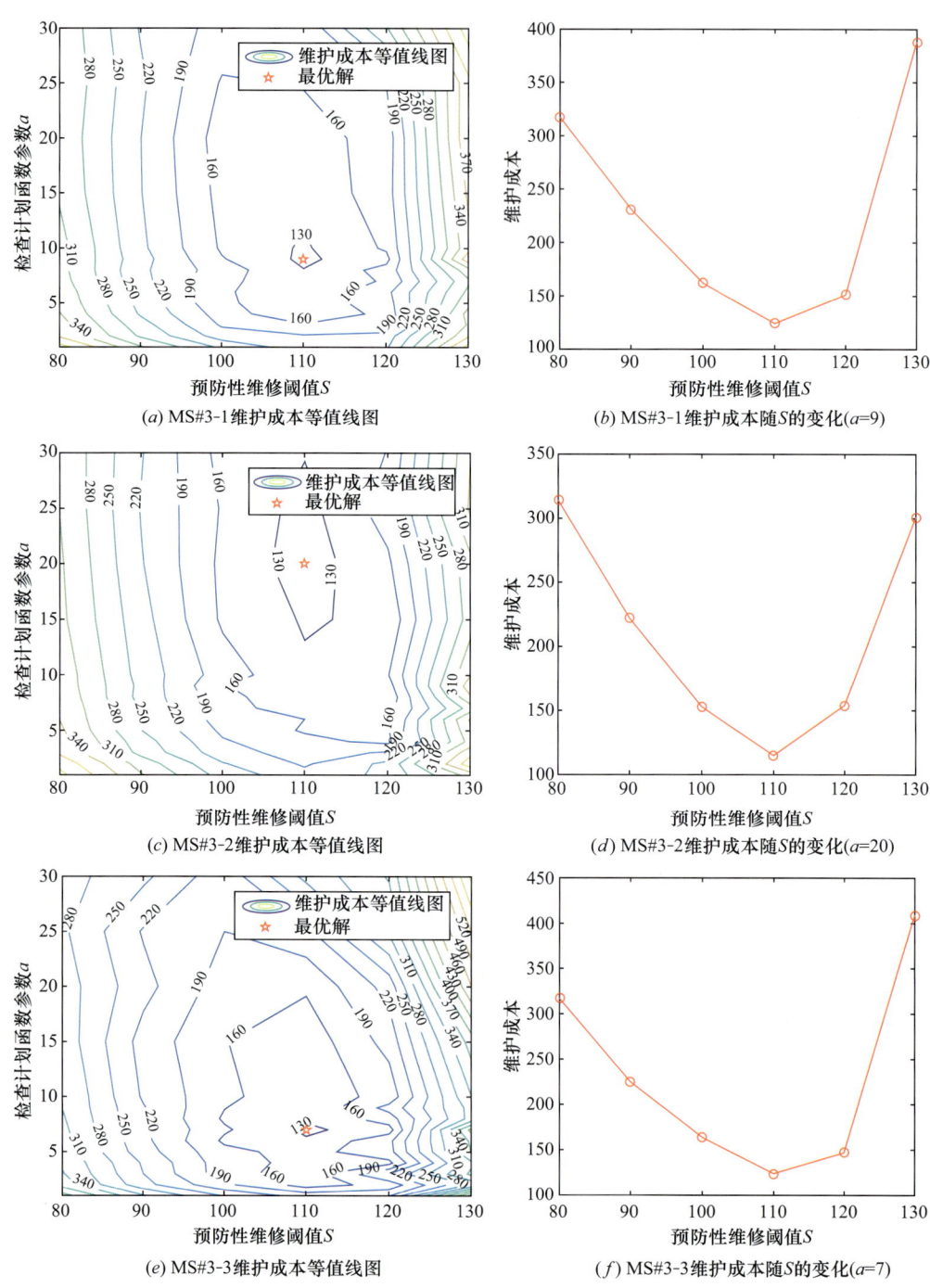

(a) MS#3-1维护成本等值线图

(b) MS#3-1维护成本随S的变化(a=9)

(c) MS#3-2维护成本等值线图

(d) MS#3-2维护成本随S的变化(a=20)

(e) MS#3-3维护成本等值线图

(f) MS#3-3维护成本随S的变化(a=7)

图 6.4　减速退化过程下不同维护策略的优化结果分析

根据图 6.4 中维护成本等值线的疏密特征，减速退化过程下三种维护策略的维护成本也是对预防性维修阈值 S 比较敏感。图 6.4（b），6.4（d）和图 6.4（f）展示了三种维护策略下维护成本随预防性维修阈值 S 的变化情况。

三种检查计划函数 $m_1(x)$，$m_2(x)$ 和 $m_3(x)$ 分别对应线性函数、凹函数和凸函数形式的检查计划函数。根据上述计算结果，可以发现在控制-极限策略维修规则下无论是平稳退化、加速退化还是减速退化，采用非周期性检查计划函数 $m_2(x)$ 的维护策略都能够得到更低的最优化维护成本。因此，在维护策略中推荐选用类似于 $m_2(x)$ 的凹函数形式检查计划函数。

6.2.2　问题 2 和问题 3 结果分析

根据问题 2 和问题 3 的研究内容，分别研究两种不同检查计划与两种不同维修规则进行组合的维护策略优化问题。其中 MS＃5 和 MS＃6 都采用了控制-极限策略维修规则，但是 MS＃5 采用了非周期性检查计划，而 MS＃6 采用了周期性检查计划，可以通过比较 MS＃5 和 MS＃6 的优化计算结果分析在控制-极限策略维修规则下两种检查计划对维护策略的影响。类似的，MS＃4 和 MS＃7 都采用了多状态导向维修规则，因此可以比较 MS＃4 和 MS＃7 的优化计算结果分析在多状态导向维修规则下不同检查计划对维护策略的影响。最后，通过比较上述四种维护策略的优化结果，可以在同样检查计划类型下分析多状态导向维修规则和控制-极限策略维修规则的效果，对维护策略中维修规则选择进行建议。表 6.10 给出了四种维护策略的优化结果。

比较 MS＃5 和 MS＃6 的优化计算结果。根据表 6.10 的计算结果，MS＃5 和 MS＃6 均在预防性维修阈值 $S＝110$ 时取得最优解。MS＃5 取得最优解时检查计划函数参数 $a＝9$，MS＃6 取得最优解时检查周期 $T＝4$。虽然两种维护策略的最优化维护成本差别并不大，但是采用非周期性检查计划的 MS＃5 维护成本更低。

表 6.10　不同维护策略的优化结果

维护策略编号	MS＃4	MS＃5	MS＃6	MS＃7
参数优化计算的最优解	$a＝30$ $S_1＝60$ $S_2＝120$ $S_3＝140$	$a＝9$ $S＝110$	$T＝4$ $S＝110$	$T＝20$ $S_1＝40$ $S_2＝100$ $S_3＝120$
最优解下的失效概率	$1.0×10^{-5}$	$6.0×10^{-5}$	$7.5×10^{-5}$	$5.0×10^{-6}$
最优解下的维护成本	34	124	134	38.5

图 6.5 展示了维护成本关于维护策略参数 a/T 和 S 的等值线图。从图 6.5（a）

和图 6.5（*b*）的比较可以看出两种维护策略相同数值等值线包含的参数范围（即维护成本相等的参数范围）差别较大，采用非周期性检查计划的维护策略 MS＃5 包围的面积更大。因此，在两种维护策略比选时，建议采用维护策略 MS＃5，可以减小因主观性造成的高维护成本。

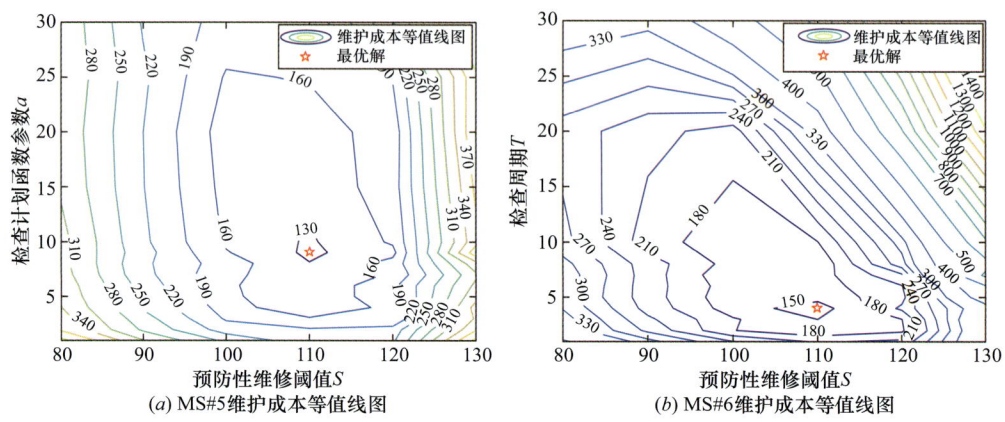

(*a*) MS#5维护成本等值线图　　　　(*b*) MS#6维护成本等值线图

图 6.5　MS＃5 和 MS＃6 的维护成本等值线比较

　　根据图 6.5 中维护成本等值线的疏密特征，两种维护策略的维护成本对预防性维修阈值 S 比较敏感。图 6.6 比较了维护策略 MS＃5 和 MS＃6 的维护成本随预防性维修阈值 S 的变化情况（其中，MS＃5：$a=9$；MS＃6：$T=4$）。可以看出在相同的预防性维修阈值 S 下两种维护策略的维修成本比较接近，MS＃5 计算得到的维护成本更小一些。

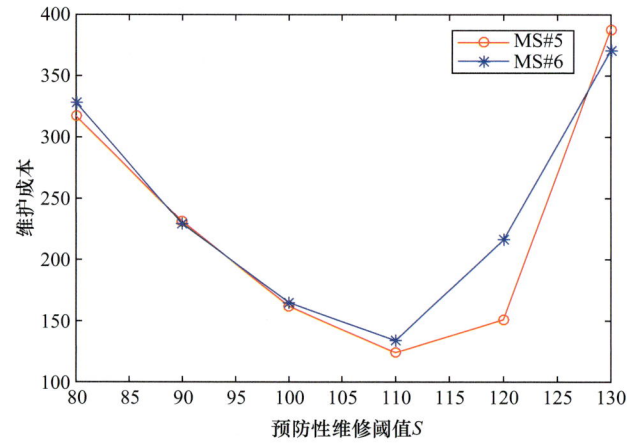

图 6.6　MS＃5 和 MS＃6 的优化结果比较分析

比较 MS #4 和 MS #7 的优化计算结果。根据表 6.10 的计算结果，MS #4 和 MS #6 由于采用了多状态导向维修规则，进行优化的参数较多，需要通过多维搜索计算得到维护策略的最优解。MS #4 取得最优解时检查计划函数参数 $a=30$，维修规则参数 $S_1=60$，$S_2=120$，$S_3=140$，MS #7 取得最优解时检查周期 $T=20$，维修规则参数 $S_1=40$，$S_2=100$，$S_3=120$，并且两种维护策略的最优化维护成本差别并不大。

通过分析发现，多状态导向维修规则下维护策略一般在 $S_2=120$，$S_3=140$、$S_2=100$，$S_3=140$、$S_2=100$，$S_3=120$ 这几种条件下计算得到的维护成本较小，失效概率也低。图 6.7 (a) 展示了在 $S_2=120$，$S_3=140$ 的情况下维护成本关于维护策略参数 a 和 S_1 的等值线图。图 6.7 (b) 展示了在 $S_2=100$，$S_3=120$ 的情况下维护成本关于维护策略参数 T 和 S_1 的等值线图。从图 6.7 (a) 和图 6.7 (b) 的比较可以看出两种维护策略相同数值等值线包含的参数范围（即维护成本相等的参数范围）比较接近，说明两种维护策略的效果差别不大。不过，比较等值线图边缘的数值发现，采用非周期性检查计划的 MS #4 维护成本更低。因此在多状态导向维修规则下，仍建议选择非周期性检查计划。

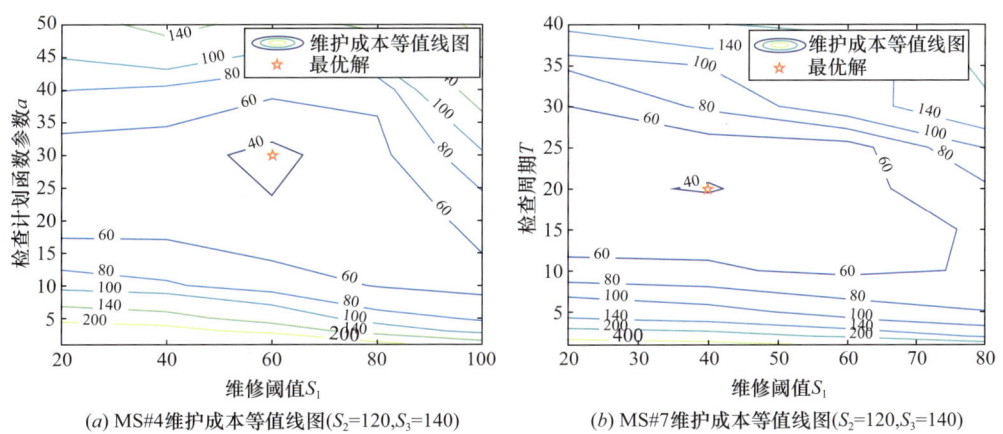

(a) MS#4维护成本等值线图(S_2=120,S_3=140)　　　(b) MS#7维护成本等值线图(S_2=120,S_3=140)

图 6.7　MS #4 和 MS #7 的维护成本等值线比较

根据图 6.7 中维护成本等值线的疏密特征，两种维护策略的维护成本对检查计划函数参数 a 和检查周期 T 比较敏感。图 6.8 比较了维护策略 MS #4 和 MS #7 的维护成本随检查计划函数参数 a 和检查周期 T 的变化情况（其中，MS #4：$S_1=60$，$S_2=120$，$S_3=140$；MS #7：$S_1=40$，$S_2=100$，$S_3=120$），可以看出两种维护策略的维修成本在 a 和 T 较小的情况下（类似于周期较短的定期检查）比较接近。在检查周期 T 增大时或检查计划函数参数 a 较大时，选用非周期性检查计划的维护策略 MS #4 维护成本更低。

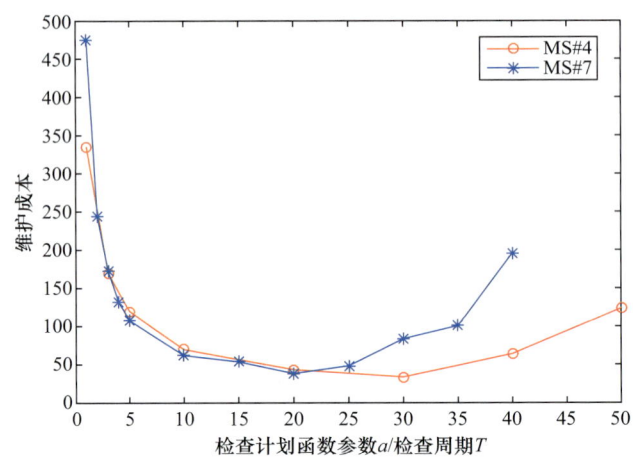

图 6.8　MS＃4 和 MS＃7 的优化结果比较分析

　　针对问题（3），将维护策略 MS＃4、MS＃5、MS＃6 和 MS＃7 及他们的最优化维护成本按照不同检查计划类型与维修规则类型分类，如表 6.11 所示，从维护成本的角度考察，可以发现在相同检查计划类型下多状态导向维修规则优于控制-极限策略维修规则，前者的最优化维护成本远小于后者。这是因为采用了多状态导向维修规则后，隧道结构在退化过程早期就已经实施了成本相对较低的小修和中修等维修措施。相对于成本较高的大修（或预防性大修），小修和中修替代了部分服役寿命内可能需要实施的大修（或预防性大修），并降低了隧道结构发生失效破坏的风险，使一部分可能发生的破坏推迟到了设计服役寿命以后，因而服役寿命期内多状态导向维修规则下的维护成本更低。因此，在有多种维修措施选择且小修和中修的效果好、成本低的情况下，在维护策略中推荐采用多状态导向维修规则，能够大幅降低维护成本。

表 6.11　不同维护策略的最优化维护成本比较

检查计划类型 ＼ 维修规则类型	控制-极限策略	多状态导向
周期性	MS＃6 134	MS＃7 38.5
非周期性	MS＃5 124	MS＃4 34

6.3　小结

　　本章以数值试验手段研究了维护策略优化的若干问题，主要结论总结如下：

（1）以数据驱动的退化模型、检查计划类型和维修规则为基础和研究框架，提出了维护策略优化的若干问题，包括：隧道结构退化趋势类型与检查计划函数数学形式之间的关系；周期性检查计划和非周期性检查计划的比较；多状态导向维修规则和控制-极限策略维修规则的比较。

（2）通过算例研究发现在控制-极限策略维修规则下无论是平稳退化、加速退化还是减速退化，选用凹函数形式检查计划函数的维护策略能够得到更低的最优化维护成本。

（3）通过算例研究发现在相同维修规则下采用非周期性检查计划的维护策略和采用周期性检查计划的维护策略最优化维护成本接近。但是，选用非周期性检查计划可以减小因主观性造成的高维护成本，并且仍能够进一步降低维护成本。

（4）从维护成本角度考察算例分析结果发现在相同检查计划类型下多状态导向维修规则优于控制-极限策略维修规则，前者的维护成本远小于后者。因此，在有多种维修措施可选且小修和中修的效果好、成本低的情况下，推荐采用多状态导向维修规则的维护策略，能够大幅降低维护成本。

第 7 章　结　　论

7.1　结论

本书主要研究了隧道结构状态导向维护方法，从维护方法的理论体系框架、退化过程分析及建模方法、非周期性检查计划制定、多状态导向维修规则等多个方面进行了研究，并结合维护策略优化的数值试验算例对状态导向维护方法的适用性进行了探索。相关内容和结论总结如下：

（1）提出了隧道结构状态导向维护方法，该方法围绕隧道结构服役性能发展建立退化模型，以服役状态为导向指标对检查计划制定和维修规则进行优化，达到在保障结构安全性的基础上降低维护资源投入的目的；阐述了隧道结构状态导向维护理论框架及实施过程，并梳理了 3 部分主要研究内容，即建立退化模型、检查计划制定和维修规则优化，之间的信息关联性和相互影响关系。

（2）分析了隧道结构服役性能发生退化的原因，以横断面变形为退化指标，基于修正均质圆环模型，考虑影响隧道结构服役性能的时变因素和参数的不确定性，假设模型输入参数的概率分布，建立了一个基于机理的隧道结构服役性能概率退化模型，并提出了模型参数的敏感性分析和贝叶斯更新方法以简化和改进概率退化模型。

（3）总结了数据驱动的退化过程建模方法，研究了适合模拟隧道结构服役性能退化特征的 Gamma 过程，以及相关统计指标和模型参数的极大似然估计方法，结合隧道结构的监测数据，采用非稳态 Gamma 过程建立了一个数据驱动的随机退化模型。

（4）提出一种考虑隧道结构服役状态及发展趋势的非周期性动态检查计划制定方法，并总结提出了不同退化趋势类型和检查计划函数数学形式。3 种简化的退化趋势特征为平稳退化、加速退化和减速退化；提出线性函数，凹函数和凸函数 3 种不同形式的检查计划函数，并对他们的数学形式进行了假设和模拟。

（5）介绍了基于检查评估结果反馈模式的检查计划实施流程，在维护时间轴上，检查计划的组织实施还需要跟退化模型建模、模型更新以及维修决策等维护行为交叉进行；推荐隧道内采用自动化检测技术进行检查工作，能够降低检查成本，并提高病害发现的及时性和准确性。

（6）结合隧道结构服役状态等级划分，提出了一种多状态导向维修规则，当隧道结构处于不同服役状态等级时选用不同等级的维修措施，分析了维修规则的参数，并与传统的修复性维修方法和预防性维修方法的维修规则进行了比较。

（7）调研上海地铁隧道中常用的维修措施，提出将隧道结构维修措施效果模拟为不完全维修的方法，包括将维修措施效果模拟为退化指标下降和退化速率减缓两种情况；不完全维修假设更加符合隧道结构中维修措施的实际效果；总结了考虑维修效果及随机性的维修措施成本计算模拟方法。

（8）以结构的安全性为约束条件，以最小化隧道结构服役寿命期内维护成本为目标函数，给出了隧道结构维护策略优化问题的数学框架和网络穷举优化算法。

（9）以数值试验手段研究了维护策略优化的若干问题，包括：隧道结构退化趋势类型与检查计划函数数学形式之间的关系；周期性检查计划和非周期性检查计划的比较；多状态导向维修规则和控制-极限策略维修规则的比较。

（10）通过算例结果分析发现在控制-极限策略维修规则下无论是平稳退化、加速退化还是减速退化，维护策略选用凹函数形式检查计划函数能够得到更低的维护成本。

（11）通过算例结果分析发现在相同维修规则下维护策略采用非周期性检查计划和周期性检查计划的最优化维护成本接近。但是，选用非周期性检查计划可以减小因主观性造成的高维护成本，并且仍能够进一步降低维护成本。

（12）从维护成本角度考察算例分析结果发现在相同检查计划类型下多状态导向维修规则优于控制-极限策略维修规则，前者的维护成本远小于后者。在有多种维修措施可选且小修和中修的效果/成本比值较高情况下，推荐采用多状态导向维修规则的维护策略，能够大幅降低维护成本。

7.2　进一步工作展望

本书提出了一种状态导向维护方法，并从理论体系和应用角度进行了相关探索，已有一些初步研究成果，但是还存在不少问题有待进一步研究：

（1）本书提出了一种基于物理机理的隧道结构服役性能退化建模方法，但是在退化机理方面只考虑了隧道管片衬砌刚度的退化，接头服役性能的退化未能反映在概率退化模型中，因此建议进一步研究采用更加精细的基本模型进行退化过程建模，并尽量考虑多种退化因素的影响。

（2）本书采用非稳态 Gamma 过程建立了一种数据驱动的隧道结构服役性能

退化模型，但是实际退化过程可能比理想的数学模型更加复杂，因此，进一步研究可以探索其他的数据驱动建模方法，进而模拟隧道结构服役性能的真实退化趋势特征。

（3）在退化模型方面进一步研究还可以融合基于机理的退化模型和数据驱动的退化模型，发展一种综合物理机理模型和数据驱动模型的混合模型（Hybrid model），并结合隧道结构退化指标的实测数据对模型进行验证和修正。

（4）本书提出的检查计划函数只包含隧道结构当前服役状态一个变量，进一步研究还可以考虑隧道结构当前服役时间等其他变量和因素，并探索其他不同形式的检查计划函数。

（5）本书在检查计划制定中将检查计划考虑为完全检查，进一步的研究还可以从检查成本的角度考虑带有误差的不完全检查和抽样检查等情况，以考虑实际含有检查误差的情况和探索降低检查成本的方法。

（6）本书调研了地铁隧道结构中常用的维修措施，进一步研究可以从以下几方面展开：其他形式（或施工方法）隧道结构的维修措施及成本调研；根据监测数据分析特定维修措施的效果以及适合的数学模拟方法。

（7）本书结合隧道结构服役性能等级划分制定了一种多状态导向维修规则，将维修措施分为小修、中修和大修三种等级，进一步的研究可以在多状态导向维修规则指导下探索制定更多不同的维修规则并比较他们的实施效果。

参 考 文 献

［1］ Federal Highway Administration. Tunnel Operations，Maintenance，Inspection and Evaluation（TOMIE）Manual ［R］. 2015.

［2］ 吴江滨，张顶立，王梦恕. 铁路运营隧道病害现状及检测评估 ［J］. 中国安全科学学报，2003，13（6）：49-52.

［3］ 刘涛. 既有盾构隧道结构性能评价研究 ［D］. 上海：同济大学，2008.

［4］ 孙钧. 崇明长江隧道盾构管片衬砌结构的耐久性设计 ［J］. 建筑科学与工程学报，2008，25（1）：1-9.

［5］ Yuan Y，Bai Y，Liu J. Assessment service state of tunnel structure ［J］. Tunnelling and Underground Space Technology，2012，27（1）：72-85.

［6］ 中国铁路、公路隧道数据统计（截至 2016 年底）［EB/OL］. ［2017-06-23］. https：//www.sohu.com/a/151527346_659822.

［7］ 中国城市轨道交通协会. 2017 年统计报告 ［EB/OL］.（2018-04-19）［2019-11-15］. http：//www.camet.org.cn/index.php？m＝content&c＝index&a＝show&catid＝18&id＝13532.

［8］ 凤懋润. 隧道建设进入快速发展时期 ［EB/OL］.（2002-12-03）［2016-04-07］. http：//www.chinahighway.com/news/2002/28915.php.

［9］ 欧进萍. 重大工程结构损伤累积，健康监测与安全评定 ［R］. 建筑、环境与土木工程学科发展战略研究报告，2001：107-122.

［10］ 姚旭朋. 隧道结构前摄性维护理论研究 ［D］. 上海：同济大学，2008.

［11］ Federal Highway Administration and Federal Transit Administration. Highway and Rail Transit Tunnel Inspection Manual ［R］. 2005.

［12］ Federal Highway Administration and Federal Transit Administration. Highway and Rail Transit Tunnel Maintenance and Rehabilitation Manual ［R］. 2005.

［13］ Federal Highway Administration. National Tunnel Inspection Standards ［S］. 2015.

［14］ Federal Highway Administration. Specifications for the National Tunnel Inventory ［M］. 2015.

［15］ 德国工业标准. DIN1076 公路和道路的工程结构检测与监控 ［S］. 1999.

［16］ 中华人民共和国行业标准. JTG H12—2015 公路隧道养护技术规范 ［S］. 2015.

［17］ 上海市市政工程管理局技术规程. SZ-43-2005 上海市隧道养护技术规程 ［S］. 2005.

［18］ 杭州市质量技术监督局技术规程. HZCG05-2006 杭州市城市隧道养护技术规程 ［S］. 2006.

［19］ Jardine A K S，Lin D，Banjevic D. A review on machinery diagnostics and prognostics implementing condition-based maintenance ［J］. Mechanical systems and signal processing，2006，20（7）：1483-1510.

［20］ Ahmad R，Kamaruddin S. An overview of time-based and condition-based maintenance in industrial application ［J］. Computers & Industrial Engineering，2012，63（1）：135-149.

［21］ Grall A，Bérenguer C，Dieulle L. A condition-based maintenance policy for stochastically deteriorating systems ［J］. Reliability Engineering & System Safety，2002，76（2）：167-180.

［22］ Grall A，Dieulle L，Bérenguer C，et al. Continuous-time predictive-maintenance scheduling for a deteriorating system ［J］. IEEE Transactions on Reliability，2002，51（2）：141-150.

［23］ van der Weide J A M，Pandey M D. Stochastic analysis of shock process and modeling of condition-based maintenance ［J］. Reliability Engineering & System Safety，2011，96（6）：619-626.

［24］ Zhou X，Xi L，Lee J. Reliability-centered predictive maintenance scheduling for a continuously monitored system subject to degradation ［J］. Reliability Engineering & System Safety，2007，92（4）：530-534.

［25］ Wu S. Comments on "Reliability-centered predictive maintenance scheduling for a continuously monitored system subject to degradation" by X. Zhou，L. Xi and J. Lee ［Reliab Eng Syst Saf 2007；92：530-534］［J］. Reliability Engineering & System Safety，2008，93（11）：1772-1773.

［26］ Castanier B，Grall A，Bérenguer C. A condition-based maintenance policy with non-periodic inspections for a two-unit series system ［J］. Reliability Engineering & System Safety，2005，87（1）：109-120.

［27］ Sheu S H，Jhang J P. A generalized group maintenance policy ［J］. European Journal of Operational Research，1997，96（2）：232-247.

［28］ Deloux E，Castanier B，Bérenguer C. Predictive maintenance policy for a gradually deteriorating system subject to stress ［J］. Reliability Engineering & System Safety，2009，94（2）：418-431.

［29］ Dieulle L，Berenguer C，Grall A，et al. Continuous time predictive maintenance scheduling for a deteriorating system ［C］// Proceedings of 2001 Annual Reliability and Maintainability Symposium，2001：150-155.

［30］ Neves M L，Santiago L P，Maia C A. A condition-based maintenance policy and input parameters estimation for deteriorating systems under periodic inspection ［J］. Computers & Industrial Engineering，2011，61（3）：503-511.

［31］ Abaza K A，Ashur S A，Abu-Eisheh S A，et al. Macroscopic optimum system for management of pavement rehabilitation ［J］. Journal of transportation engineering，2001，127（6）：493-500.

［32］ Bemanian S，Polish P，Maurer G. Pavement management system based on financial consequence ［J］. Transportation Research Record：Journal of the Transportation Research

Board，2005（1940）：32-37.

[33] Golabi K，Kulkarni R B，Way G B. A statewide pavement management system [J]. Interfaces，1982，12（6）：5-21.

[34] Haider S，Chatti K，Baladi G，et al. Impact of pavement monitoring frequency on pavement management system decisions [J]. Transportation Research Record：Journal of the Transportation Research Board，2011（2225）：43-55.

[35] Lee S H，Yoo I K. Overview of pavement management system in Korea and its operation results [C]// Proceedings of 25th International Symposium on Automation and Robotics in Construction，ISARC-2008：p. 355-364.

[36] Basheer P A M，Chidiact S E，Long A E. Predictive models for deterioration of concrete structures [J]. Construction and Building Materials，1996，10（1）：27-37.

[37] Estes A C，Frangopol D M. Minimum expected cost-oriented optimal maintenance planning for deteriorating structures：Application to concrete bridge decks [J]. Reliability Engineering & System Safety，2001，73（3）：281-291.

[38] Faber M H，Sorensen J D. Indicators for inspection and maintenance planning of concretestructures [J]. Structural Safety，2002，24（2）：377-396.

[39] Liu M，Frangopol D M. Optimal bridge maintenance planning based on probabilistic performance prediction [J]. Engineering Structures，2004，26（7）：991-1002.

[40] Wicki R，Malioka V，Faber M H. Condition indicators for inspection and maintenance planning [C]// Proceedings of Workshop on Risk-Based Maintenance of Civil Structures，Delft. 2003：62-76.

[41] Redmond D F，Christer A H，Rigden S R，et al. OR modelling of the deterioration and maintenance of concrete structures [J]. European Journal of Operational Research，1997，99（3）：619-631.

[42] Bunks C，McCarthy D，Al-Ani T. Condition-based maintenance of machines using hidden Markov models [J]. Mechanical Systems and Signal Processing，2000，14（4）：597-612.

[43] Christer A H，Lee S K. Modelling ship operational reliability over a mission under regular inspections [J]. Journal of the Operational Research Society，1997：688-699.

[44] Kallen M J，van Noortwijk J M. Optimal maintenance decisions under imperfect inspection [J]. Reliability engineering & system safety，2005，90（2）：177-185.

[45] Nicolai R P，Frenk J B G，Dekker R. Modelling and optimizing imperfect maintenance of coatings on steel structures [J]. Structural Safety，2009，31（3）：234-244.

[46] Sandrone F，Labiouse V. Identification and analysis of Swiss National Road tunnels pathologies [J]. Tunnelling and Underground Space Technology，2011，26（2）：374-390.

[47] Tian Z，Jin T，Wu B，et al. Condition based maintenance optimization for wind power generation systems under continuous monitoring [J]. Renewable Energy，2011，36

(5)：1502-1509.

[48] Nielsen J J，Sørensen J D. On risk-based operation and maintenance of offshore wind turbine components [J]. Reliability Engineering & System Safety，2011，96（1）：218-229.

[49] Van Noortwijk J M，Klatter H E. Optimal inspection decisions for the block mats of the Eastern-Scheldt barrier [J]. Reliability Engineering & System Safety，1999，65（3）：203-211.

[50] Christer A H. Condition-based inspection models of major civil-engineering structures [J]. Journal of the Operational Research Society，1988：71-82.

[51] Christer A H，Wang W. A simple condition monitoring model for a direct monitoring process [J]. European journal of operational research，1995，82（2）：258-269.

[52] Ellingwood B R. Risk-informed condition assessment of civil infrastructure：state of practice and research issues [J]. Structure and infrastructure engineering，2005，1（1）：7-18.

[53] Orcesi A D，Frangopol D M. Optimization of bridge maintenance strategies based on structural health monitoring information [J]. Structural Safety，2011，33（1）：26-41.

[54] van Noortwijk J M，Frangopol D M. Two probabilistic life-cycle maintenance models for deteriorating civil infrastructures [J]. Probabilistic Engineering Mechanics，2004，19（4）：345-359.

[65] Ching J，Leu S S. Bayesian updating of reliability of civil infrastructure facilities based on condition-state data and fault-tree model [J]. Reliability Engineering & System Safety，2009，94（12）：1962-1974.

[56] 赵庆丽. 盾构隧道衬砌结构可靠度研究 [D]. 上海：同济大学，2009.

[57] 周宁. 软土盾构隧道结构服役性能检测方法研究与渗漏水特征分析 [D]. 上海：同济大学，2010.

[58] 胡昌华，司小胜. 数据驱动的剩余寿命估计：现状与挑战 [J/OL]. 中国自动化学会通讯，2012，33（4）[2015-09-03]. www. caa. org. cn/ccaa. php? to＝ccaa/indextext. action? Aid＝55.

[59] 上海市工程建设规范. DG/TJ08-2123-2013 盾构法隧道结构服役性能鉴定规范 [S]. 2013.

[60] Ellingwood B R，Mori Y. Probabilistic methods for condition assessment and life prediction of concrete structures in nuclear power plants [J]. Nuclear Engineering and Design，1993，142（2-3）：155-166.

[61] Folić R. Durability design of concrete structures，Part 1：Analysis fundamentals [J]. Facta universitatis-series：Architecture and Civil Engineering，2009，7（1）：1-18.

[62] Working Group No. 2，InternationalTunnelling Association. Guidelines for the design of shield tunnel lining [J]. Tunnelling and Underground Space Technology，2000，15（3）：303-331.

［63］ Koyama Y. Present status and technology of shield tunneling method in Japan ［J］. Tunnelling and Underground Space Technology，2003，18（2）：145-159.

［64］ Ellingwood B R，Mori Y. Reliability-based service life assessment of concrete structures in nuclear power plants：optimum inspection and repair ［J］. Nuclear Engineering and Design，1997，175（3）：247-258.

［65］ Tuutti K. Corrosion of steel in concrete ［D］. Stockholm：Swedish Cement & Concrete Institute，1982.

［66］ Otieno M，Beushausen H，Alexander M. Prediction of corrosion rate in reinforced concrete structures-a critical review and preliminary results ［J］. Materials and Corrosion，2012，63（9）：777-790.

［67］ fédération internationale du béton（International Federation for Structural Concrete）. fib Bulletin No. 65：Model Code 2010，final draft，vol. 1 ［S］. 2012

［68］ fédération internationale du béton（International Federation for Structural Concrete）. fib Bulletin No. 66：Model Code 2010，final draft，vol. 2 ［S］. 2012

［69］ 中华人民共和国国家标准. GB 50010—2010 混凝土结构设计规范 ［S］. 北京：中国建筑工业出版社. 2010.

［70］ Cabrera J G. Deterioration of concrete due to reinforcement steel corrosion ［J］. Cement and concrete composites，1996，18（1）：47-59.

［71］ Ballim Y，Reid J C. Reinforcement corrosion and the deflection of RC beams-an experimental critique of current test methods ［J］. Cement and concrete composites，2003，25（6）：625-632.

［72］ American Concrete Institute Committee. ACI 209. 2 R-08：Guide for Modeling and Calculating Shrinkage and Creep in Hardened Concrete ［R］. 2008.

［73］ American Concrete Institute，International Organization for Standardization. Building code requirements for structural concrete（ACI 318-14）and commentary ［S］. 2014.

［74］ fédération internationale du béton（International Federation for Structural Concrete）. fib Bulletin No. 51：Structural concrete textbook ［R］. 2012.

［75］ Müller H S，Anders I，Breiner R，et al. Concrete：treatment of types and properties in fib Model Code 2010 ［J］. Structural Concrete，2013，14（4）：320-334.

［76］ Helland S. Design for service life：implementation of fib Model Code 2010 rules in the operational code ISO 16204 ［J］. Structural Concrete，2013，14（1）：10-18.

［77］ 中华人民共和国国家标准. GB 50446—2008 盾构法隧道施工与验收规范 ［S］. 2008.

［78］ 中华人民共和国国家标准. GB 50157—2013 地铁设计规范 ［S］. 2013.

［79］ 上海市工程建设规范. DG/TJ 08—2033—2008 道路隧道设计规范 ［S］. 2008.

［80］ Joint Committee on Structural Safety（JCSS）. Probabilistic Model Code（PART I）［S］. 2001.

［81］ Wainwright H M，Finsterle S，Jung Y，et al. Making sense of global sensitivity analyses [J]. Computers & Geosciences, 2014, 65: 84-94.

[82] Sobol I M. Global sensitivity indices for nonlinear mathematical models and their Monte Carlo estimates [J]. Mathematics and computers in simulation, 2001, 55 (1): 271-280.

[83] Saltelli A, Ratto M, Andres T, et al. Global sensitivity analysis: the primer [M]. John Wiley & Sons, 2008.

[84] Anscombe F J. Bayesian statistics [J]. The American Statistician, 1961, 15 (1): 21-24.

[85] The MathWorks, Inc. anova2 [EB/OL]. [2016-04-08]. http://cn. mathworks. com/help/ stats/anova2. html.

[86] Barker C T, Newby M J. Optimal non-periodic inspection for a multivariate degradation model [J]. Reliability Engineering & System Safety, 2009, 94 (1): 33-43.

[87] Van Noortwijk J M. A survey of the application of gamma processes in maintenance [J]. Reliability Engineering & System Safety, 2009, 94 (1): 2-21.

[88] Si X S, Wang W, Hu C H, et al. Remaining useful life estimation-a review on the statistical data driven approaches [J]. European Journal of Operational Research, 2011, 213 (1): 1-14.

[89] Nicolai R P, Dekker R, van Noortwij k J M. A comparison of models for measurable deterioration: An application to coatings on steel structures [J]. Reliability Engineering & System Safety, 2007, 92 (12): 1635-1650.

[90] Nicolai R P. Maintenance models for systems subject to measurable deterioration [D]. Rotterdam: Erasmus University Rotterdam, 2008.

[91] Park C, Padgett W J. Accelerated degradation models for failure based on geometric Brownian motion and gamma processes [J]. Lifetime Data Analysis, 2005, 11 (4): 511-527.

[92] 谭林, 陈童, 郭波. 基于几何过程的单部件可修系统最优维修策略 [J]. 系统工程, 2008, 26 (6): 88-92.

[93] 李玲, 成国庆. 考虑不完全检测的冲击模型最优维修策略 [J]. 运筹学学报, 2013, 17 (4): 33-42.

[94] 李玲, 成国庆, 柳炳祥. 基于 Gamma 过程的加速劣化系统模型及其最优视情维修策略 [J]. 计算机集成制造系统, 2013, 19 (11): 2922-2927.

[95] Ai Q, Yuan Y, Mahadevan S, et al. Probabilistic Degradation Modeling of Segmental Linings Assembled Circular Tunnels [J]. Structural Concrete, DOI: 10. 1002/suco. 201400122.

[96] 毕湘利, 柳献, 王秀志, 等. 通缝拼装盾构隧道结构极限承载力的足尺试验研究 [J]. 土木工程学报, 2014 (10): 117-127.

[97] 叶耀东. 软土地区运营地铁盾构隧道结构变形及健康诊断方法研究 [D]. 上海: 同济大学, 2007.

[98] 叶耀东, 朱合华, 王如路. 软土地铁运营隧道病害现状及成因分析 [J]. 地下空间与工

程学报，2007，3（1）：157-160.

[99]   Nakagawa T，Mizutani S. A summary of maintenance policies for a finite interval [J]. Reliability Engineering & System Safety，2009，94（1）：89-96.

[100]   Nakagawa T，Mizutani S，Chen M. A summary of periodic and random inspection policies [J]. Reliability Engineering & System Safety，2010，95（8）：906-911.

[101]   Van P D，Bérenguer C. Condition-Based Maintenance with Imperfect Preventive Repairs for a Deteriorating Production System [J]. Quality and Reliability Engineering International，2012，28（6）：624-633.

[102]   van der Weide J A M，Pandey M D，van Noortwijk J M. Discounted cost model for condition-based maintenance optimization [J]. Reliability Engineering & System Safety，2010，95（3）：236-246.

[103]   Ye Z，Chen N，Tsui K L. A Bayesian approach to condition monitoring with imperfect inspections [J]. Quality and Reliability Engineering International，2015，31（3）：513-522.

[104]   Kallen M J，Van Noortwijk J M. Inspection and maintenance decisions based on imperfect inspections [C]//Proceedings of the European Safety and Reliability Conference，Maastricht，The Netherlands. 2003.

[105]   Montero R，Victores J G，Martínez S，et al. Past，present and future of robotic tunnel inspection [J]. Automation in Construction，2015，59：99-112.

[106]   Haack A，Schreyer J，Jackel G. State-of-the-art of Non-destructive Testing Methods for Determining the State of a Tunnel Lining [J]. Tunnelling and Underground Space Technology incorporating Trenchless Technology Research，1995，4（10）：413-431.

[107]   Richards J A. Inspection，maintenance and repair of tunnels：international lessons and practice [J]. Tunnelling and Underground Space Technology，1998，13（4）：369-375.

[108]   Guo Y，Shi H，Yu Z. Research on tunnel complete profile measurement based on digital photogrammetric technology [C]//Proceedings of 2011 IEEE International Conference on Service Operations，Logistics，and Informatics（SOLI）：521-526.

[109]   Argüelles-Fraga R，Ordóñez C，García-Cortés S，et al. Measurement planning for circular cross-section tunnels using terrestrial laser scanning [J]. Automation in Construction，2013，31：1-9.

[110]   Gordon S J，Lichti D D. Modeling terrestrial laser scanner data for precise structural deformation measurement [J]. Journal of Surveying Engineering，2007，133（2）：72-80.

[111]   Kang Z，Zhang L，Tuo L，et al. Continuous extraction of subway tunnel cross sections based on terrestrial point clouds [J]. Remote Sensing，2014，6（1）：857-879.

[112]   Nuttens T，Stal C，De Backer H，et al. Methodology for the ovalization monitoring of newly built circular train tunnels based on laser scanning：Liefkenshoek Rail Link（Belgium）[J]. Automation in Construction，2014，43：1-9.

[113] Han J Y，Guo J，Jiang Y S. Monitoring tunnel profile by means of multi-epoch dispersed 3-D LiDAR point clouds [J]. Tunnelling and Underground Space Technology，2013，33：186-192.

[114] Han J Y，Guo J，Jiang Y S. Monitoring tunnel deformations by means of multi-epoch dispersed 3D LiDAR point clouds：An improved approach [J]. Tunnelling and Underground Space Technology，2013，38：385-389.

[115] Pejić M. Design and optimisation of laser scanning for tunnels geometry inspection [J]. Tunnelling and Underground Space Technology，2013，37：199-206.

[116] Ai Q，Yuan Y. A comprehensive image processing methodology for automatically detecting shield tunnel defects [C] // Proceedings of European Congress on Computational Methods in Applied Sciences and Engineering（ECCOMAS 2012），Vienna，Austria. 2012.

[117] Ai Q，Yuan Y，Bi X. Acquiring sectional profile of metro tunnels using charge-coupled device cameras [J]. Structure and Infrastructure Engineering，DOI：10.1080/15732479.2015.1076855.

[118] 刘梓圣，张冬梅. 软土盾构隧道芳纶布加固机理和效果研究 [J]. 现代隧道技术，2014，51（5）：155-160.

[119] 何唯平，程晓芳. 芳纶纤维布在混凝土结构加固工程中的应用 [C] // 全国公路科技创新高层论坛. 2004.

[120] 毕湘利，柳献，王秀志，等. 内张钢圈加固盾构隧道结构极限承载力的足尺试验研究 [J]. 土木工程学报，2014（11）：128-137.

[121] 柳献，唐敏，鲁亮，等. 内张钢圈加固盾构隧道结构承载能力的试验研究-整环加固法 [J]. 岩石力学与工程学报，2013（11）：2300-2306.

[122] 柳献，张浩立，唐敏，等. 内张钢圈加固盾构隧道结构承载能力的试验研究-半环加固法 [J]. 现代隧道技术，2014，51（3）：2300-2306.

[123] 张冬梅，邹伟彪，闫静雅. 软土盾构隧道横向大变形侧向注浆控制机理研究 [J]. 岩土工程学报，2014（12）：2203-2212.

[124] Endrenyi J，Anders G J，Silva A M. Probabilistic evaluation of the effect of maintenance on reliability. An application [J]. IEEE Transactions on Power Systems，1998，13（2）：576-583.

[125] Ponchet A，Fouladirad M，Grall A. Maintenance policy on a finite time span for a gradually deteriorating system with imperfect improvements [J]. Proceedings of the Institution of Mechanical Engineers，Part O：Journal of Risk and Reliability，2011，225（2）：105-116.

[126] 叶培钒. 不完全维修前提下基于状态维修策略最优化模型研究 [D]. 北京：清华大学，2012.

[127] Ponchet A，Fouladirad M，Grall A. Imperfect condition-based maintenance assessment

on a finite time span [C]// Proceedings of 2012 International Conference on Quality，Reliability，Risk，Maintenance，and Safety Engineering (ICQR2MSE)：390-395.

[128] 中华人民共和国国家标准. GB 50153—2008 工程结构可靠性设计统一标准 [S]. 2008.

[129] Farran M，Zayed T. Fitness-oriented multi-objective optimisation for infrastructures rehabilitations [J]. Structure and Infrastructure Engineering，2015，11 (6)：761-775.

[130] Liu H，Madanat S. Adaptive optimisation methods in system-level bridge management [J]. Structure and Infrastructure Engineering，2015，11 (7)：884-896.

[131] Marzouk M，Omar M. Multiobjective optimisation algorithm for sewer network rehabilitation [J]. Structure and Infrastructure Engineering，2013，9 (11)：1094-1102.

[132] Zhu Q，Peng H，van Houtum G J. A condition-based maintenance policy for multi-component systems with a high maintenance setup cost [J]. OR Spectrum，2015，37 (4)：1007-1035.

[133] Do P，Voisin A，Levrat E，et al. A proactive condition-based maintenance strategy with both perfect and imperfect maintenance actions [J]. Reliability Engineering & System Safety，2015，133：22-32.